新双元制职业教育实施指南
——营口框架标准

NEW DUAL SYSTEM OF VOCATIONAL EDUCATION
GUIDE OF IMPLEMENTATION
—— YINGKOU FRAMEWORK STANDARD

明　刚　刘红月　孙守鹏 / 主　编
梁立学　王　辉　关华东 / 副主编
　　　　　　　金　莉 / 主　审

大连海事大学出版社
DALIAN MARITIME UNIVERSITY PRESS

Ⓒ 明　刚　刘红月　孙守鹏　2022

图书在版编目(CIP)数据

新双元制职业教育实施指南：营口框架标准／明刚，刘红月，孙守鹏主编． — 大连：大连海事大学出版社，2022.5
 ISBN 978-7-5632-4271-9

Ⅰ.①新… Ⅱ.①明… ②刘… ③孙… Ⅲ.①职业教育—课程标准—营口 Ⅳ.①G719.2

中国版本图书馆 CIP 数据核字(2022)第 053332 号

大连海事大学出版社出版

地址:大连市黄浦路523号　邮编:116026　电话:0411-84729665(营销部) 84729480(总编室)
http://press.dlmu.edu.cn　E-mail:dmupress@dlmu.edu.cn

大连天骄彩色印刷有限公司印装	大连海事大学出版社发行
2022 年 5 月第 1 版	2022 年 5 月第 1 次印刷
幅面尺寸:170 mm×240 mm	印张:6.5
字数:88 千	印数:1~1200 册

出版人:刘明凯

责任编辑:张　冰	责任校对:陈青丽
封面设计:解瑶瑶	版式设计:解瑶瑶

ISBN 978-7-5632-4271-9　　　定价:40.00 元

前　言

双元制职业教育,起源于德国,至今已有上百年历史,它指的是一种企业和职业院校共同为办学主体的职业教育模式,是第二次世界大战后德国从废墟上重新崛起、经济腾飞的秘密武器。

双元制职业教育在20世纪80年代被引入中国,在被引入的几十年里,为我国职业教育的发展提供了许多借鉴与参考。由于国情、体制的不同,我们不能照抄照搬,更不能满足于"原装"为美为用,我们必须要在开放引进与学习借鉴中充分发挥创造性,结合国情,走自己的路。按照习近平总书记指出的"坚持扎根中国大地办教育,坚持以人民为中心发展教育",借鉴德国双元制职业教育,必须根植中国文化丰厚的土壤,书写中国特色双元制职业教育方案。

2018年11月,教育部出台《关于完善教育标准化工作的指导意见》。2019年1月,国务院发布《国家职业教育改革实施方案》,提出"促进产教融合、校企双元育人","借鉴双元制等模式,总结现代学徒制和企业新型学徒制试点经验,校企共同研究制定人才培养方案,及时将新技术、新工艺、新规范纳入教学标准和教学内容"。目前,围绕双元制教育人才培养,各职业院校正在进行积极的探索与实践,但对于人才培养方案的制定与实施还没有形成统一的要求与标准。

新的历史环境和伟大契机,对职业教育人才培养模式和人才培养质量提出了新的要求和挑战。在营口市教育局的主持下,以营口市农业工程学校为代表的营口地区职业院校与德国工商大会上海代表处、苏州健雄职业技术学院等单位合作,引进、学习德国双元制教育模式,推进了营口地区职业教育的供给侧改革和国际化办学。通过与辽宁自贸区相关德企和地区企业双元育人合作的不断探索实践,立足加强校企合作、促进产教融合,按照"学习理念—借鉴精髓—创新发展"的本土化思路,经过多年的实践、总结、提炼,探索出了符合营口地区的双元制职业教育模式,并为其命名为"新双元制",同时为新双元制职业教育模式制定了系列标准即《新双元制职业教育实施指南——营口框架标准》。

《新双元制职业教育实施指南——营口框架标准》涵盖了新双元制职业教育人才培养模式、新双元制职业教育师资队伍建设和教师教学能力体系、新双元制职业教育培训中心建设与运行管理、新双元制职业教育机电一体化技术(机电一体化工)专业人才能力培养和评价标准、新双元制职业教育汽车运用与维修技术(汽车机电一体化工)专业人才能力培养和评价标准等相关内容。

《新双元制职业教育实施指南——营口框架标准》是通过对双元制人才培养成功经验的标准转化,实现人才培养质量目标化、培养形式标准化、培养过程程序化的总体目标,积极打造符合国家职业教育改革要求的新双元制人才培养模式,推动职业学校在实施校企合作等方面工作的顺利推进与开展,为全省乃至全国双元制人才培养工作统一标准的确立奠定基础。

《新双元制职业教育实施指南——营口框架标准》旨在明确职业教育政治站位、文化站位、历史站位,唤起职业教育文化自信和类型自信,担当起为中华民族伟大复兴培养人才的重任,加强现代职业教育文化建设的理论研究和实践探索,推进其在新技术革命背景下的传承与发展。

《新双元制职业教育实施指南——营口框架标准》是在营口市教育局的领导和支持下,历时五年实践与探索,不断完善、提炼而最终成稿的。该标准的主审由金莉同志负责,统筹、主编由明刚同志负责,审核、定稿由孙守鹏、梁立学同志负责,编写主要由刘红月、王辉、关华东等同志完成。刘国宁、许博华、邢俊池、仝庆、秦舒钰、许超等同志参与编写工作,市教育局相关同志也做了大量工作。

新双元制职业教育营口框架标准属国内首创，该标准通过辽宁自贸区营口片区上报省商务厅、教育厅审核，已于2020年经辽宁省人民政府辽政发〔2020〕21号文件发布，并向全省复制推广。

新双元制更是国家战略苏辽合作的成果，在这里衷心地感谢苏州健雄职业技术学院、太仓中德赛博国际技术转移中心、德国工商大会、德中经济联合会、德中教育促进中心和营口市政府驻上海办事处的无私帮助与大力支持。

2016年营口市政府成功与德国工商大会上海代表处签订了职业教育合作备忘录。感谢营口市政府、营口市教育局相关领导和同志的鼎力支持，特别要感谢辽宁省红十字会党组书记、常务副会长（原营口市委常委、副市长）高梁同志，营口市委常委（原市政府秘书长、教育局长）李秀斌同志和营口市政府副市长金莉等同志的大力推动，开营口新双元制职业教育之先河。

周虽旧邦，其命维新。"新双元制"是国内几十年双元制实践的总结、探索和新的开始，我们正处于中国特色社会主义新时代，伟大的时代需要创新，感谢中国几十年来各行各业、各职业院校所有引进、学习、研究、实践德国双元制的专家、学者和大师们。

歌德说："一切理论都是灰色的，唯生命之树常青。"生命之树在于实践，在于不断创新，希望这套抛砖引玉的《新双元制职业教育实施指南——营口框架标准》会带给您新的启发和收获。

编　者

2021年12月

目 录

新双元制职业教育人才培养模式

1 范围 …………………………………………………………………… 3
2 规范性引用标准 ……………………………………………………… 3
3 术语和定义 …………………………………………………………… 3
4 基本原则 ……………………………………………………………… 6
5 培养流程 ……………………………………………………………… 7
6 培养主体 ……………………………………………………………… 9
7 教学内容 ……………………………………………………………… 10
8 师资队伍 ……………………………………………………………… 12
9 教学实施 ……………………………………………………………… 13
10 培训中心现场管理 …………………………………………………… 15
11 评价与改进 …………………………………………………………… 16
附录 A （资料性附录）………………………………………………… 18
参考文献 ………………………………………………………………… 19

新双元制职业教育
师资队伍建设和教师教学能力体系

1 范围 ·· 23
2 术语和定义 ································· 23
3 规范性引用标准 ···························· 24
4 教学教师的工作职责 ······················· 24
5 培训师的工作职责 ·························· 26
6 教学教师的能力体系 ······················· 28
7 培训师的能力体系 ·························· 29
8 培训师的选聘 ······························· 31
9 师资队伍建设规范 ·························· 32
附录 A （资料性附录） ····················· 33

新双元制职业教育培训中心建设与运行管理

1 范围 ·· 37
2 术语和定义 ································· 37
3 规范性引用标准 ···························· 38
4 建设目标 ···································· 39
5 建设功能 ···································· 40
6 场所和设施建设 ···························· 41
7 数字化管理体系 ···························· 45
8 相对独立运行原则 ·························· 47
9 评价和持续改进原则 ······················· 49
附录 A 新双元制职业教育学徒培训日志 ·········· 51
附录 B 新双元制职业教育培训项目完成质量评价表 ······· 53

附录 C　新双元制职业教育培训中心建设水平评价表……………… 54

附录 D　新双元制职业教育培训中心培训质量评价表 ………… 57

附录 E　新双元制职业教育培训中心精益化现场管理记录表…… 60

参考文献 ……………………………………………………………… 62

新双元制职业教育
机电一体化技术(机电一体化工)
专业人才能力培养和评价标准

1　范围 ……………………………………………………… 65
2　术语和定义 ……………………………………………… 65
3　人才能力培养建设目标 ………………………………… 65
4　就业岗位 ………………………………………………… 67
5　人才能力培养实施要求 ………………………………… 67
6　人才能力培养质量评价方法 …………………………… 76

新双元制职业教育
汽车运用与维修技术(汽车机电一体化工)
专业人才能力培养和评价标准

1　范围 ……………………………………………………… 79
2　术语和定义 ……………………………………………… 79
3　人才能力培养建设目标 ………………………………… 79
4　就业岗位 ………………………………………………… 81
5　人才能力培养实施要求 ………………………………… 81
6　人才能力培养质量评价方法 …………………………… 89

新双元制职业教育
人才培养模式

1　范围

本标准规定了新双元制职业教育人才培养的术语和定义、基本原则、培养流程、培养主体、教学内容、师资队伍、教学实施、培训中心现场管理以及评价与改进的指导和建议。

本标准适用于采用新双元制职业教育模式培养人才的职业学校、培训型企业和职业培训机构。

2　规范性引用标准

下列标准对于本部分的应用是必不可少的。

GB/T 18725—2008　制造业信息化　技术术语
GB/T 19028—2018　质量管理　人员参与和能力指南
GB/T 19273—2017　企业标准化工作　评价与改进
GB/T 26998—2020　职业经理人考试测评
GB/T 29590—2013　企业现场管理准则
GB/T 36531—2018　生产现场可视化管理系统技术规范
GB/T 36733—2018　服务质量评价通则

3　术语和定义

GB/T 18725—2008、GB/T 19028—2018、GB/T 19273—2017、GB/T 26998—2020、GB/T 29590—2013、GB/T 36531—2018 和 GB/T 36733—2018 界定的术语和定义以及下列术语和定义适用于本文件。

3.1　职业教育

职业教育是以培养契合生产岗位专业技术技能的教育模式,使受教育者获得某种职业岗位所需要的专业知识、专业技能和关键职业能力及获得终身学习、持续发展的方法教育。

3.2 新双元制

借鉴校企双元制人才培养模式,依据地方产业发展的形式、基础和目标,制定符合地方产业、行业对技术人才培养需求的校企合作人才培养职业教育模式。由学校与企业共同参与的双主体职业教育:作为学校元的职业院校与作为企业元的培训型企业或职业培训机构共同承担人才培养任务,是培养高质量专业技术人才的职业教育培训模式。

3.3 学员身份

在职业学校的学习场所接受专业知识和专业技能的学习者,称为学员;在培训中心接受职业能力训练、生产技术技能培训和工作能力培养的学习者,称为学徒。因此,在新双元制职业教育领域,学员具备学员和学徒双身份。

3.4 培训中心

培训中心是指由地方政府主导,职业学校依据产业发展的人才培养诉求,与地方企业合作建设和管理,以培训学员专业技术技能、个人能力、社会能力、学习与工作方法等职业能力为目标,具备生产制定、操作实践、学习研讨和技术移交等多项功能,以项目工作的培训形式组织实施培训的场所。

3.5 识岗培训

识岗培训是指以熟悉、认识企业生产流程中涉及的岗位及岗位工作内容为主要目标的学习阶段,促使学徒重点思考岗位的主要任务、操作规范以及安全标准规范等内容,以利于学徒在培训中心开展项目化工作的规范化实施。

3.6 适岗培训

适岗培训是指以适应生产中主要岗位工作及适应职业规范要求为主

要目标的学习阶段,在企业生产真实的环境中体会生产、服务以及质量控制等岗位工作任务流程和技术要求,以利于学徒在培训中心开展项目化工作时能够按照岗位的职责要求执行相关的标准、从事专业技术工作。

3.7　定岗培训

定岗培训是指为满足生产岗位工作的要求,学徒在既定的真实岗位上尝试工作的学习阶段,重点接受岗位生产培训、岗位工作能力锻炼,以完全胜任岗位职责、满足生产要求。

3.8　专业技术对话

专业技术对话是指为了评估学员对专业技术技能的掌握程度与执行能力,培训师、考评员通过观察考生的实际操作过程,检查考生完成质量和达成度,同时采用询问、质疑等口头方式与考生进行交流的培训与实操考试方式。

3.9　职业资格鉴证

职业资格鉴证是指企业、职业学校等共同参与建立职业资格考试委员会,以职业岗位的核心技能、工作关键能力为标准出具考试内容,在培训中心以第三方认证的形式对学员职业能力进行综合考核评价,并对毕业考核合格的学员颁发第三方认证的职业技能等级证书的过程。

3.10　岗位师傅

岗位师傅是指从事企业专业技术岗位工作,指导学员实践实习,并适时传授贴近生产、服务性岗位相关知识的培训者。

3.11　第三方评价

根据新双元制职业教育过程和结果评价的需要,在地方政府教育机构的支持和委托下,由培训专业所属领域的行业行会、非直接参与培训的企业等机构、单位组建的技术人才培养质量控制和评价机构,对培养培训过程、技术成果和职业资格考试进行过程监督和权威评价。

4 基本原则

4.1 双元性原则

地方政府在校企双元合作实施产教融合工作中,通过政策引导和支持,以职业学校与地方培训型企业深度合作培养技术人才为基础,建立稳定的校企合作实施人才培养的机制和模式,明确人才培养主体职责,制定人才培养流程、目标、任务以及工作方法,形成以培养高质量专业技术人才为原则的区域特征的职业办学形式。

4.2 目标性原则

建立技术人才工作能力培养目标体系,秉承真正满足地方企业岗位用人的基本原则,从专业能力、社会能力、个人能力、方法能力与学习能力等能力结构领域角度制定符合企业岗位要求的能力培养方案、方法,开展对学员职业素养的塑造和职业能力的培养,满足企业对人员工作能力的需求。

4.3 规范性原则

在实施人才培养规程中遵循校企双元人才培养模式的规范性原则,尤其要坚定维护以培养技术人才工作能力为目标的方案、方法和模式,对新双元制职业教育人才培养目标的技术途径、多站轮换过程、阶段性成果实行规范化管理和监督;同时,培训行为要坚决遵守在双元合作教学模式下的培养方案、培养模式选择、过程控制方案、教学组织管理制度、职业资格考试考证等的规范化和标准化。

4.4 第三方评价原则

在技术人才培养过程中采取第三方评价的质量保障措施,在培训计划、课程规划、培训中心建设管理、师资队伍建设及职业资格考试鉴证中坚持第三方评价模式,采用权威的评价模式和体系确保职业教育技术人才培养的整体质量。

4.5 持续性原则

以有利于提高培训质量为新双元制操作实践改革基本原则,持续不断创造和完善培训条件,尽可能发挥培训资源的价值和优势;持续完善培训过程、方法和措施,在培训条件、资源一定的情况下,能够使得培训环境得到持续改善、培训能力得到不断提升。

5 培养流程

新双元制职业教育人才培养流程见图1。

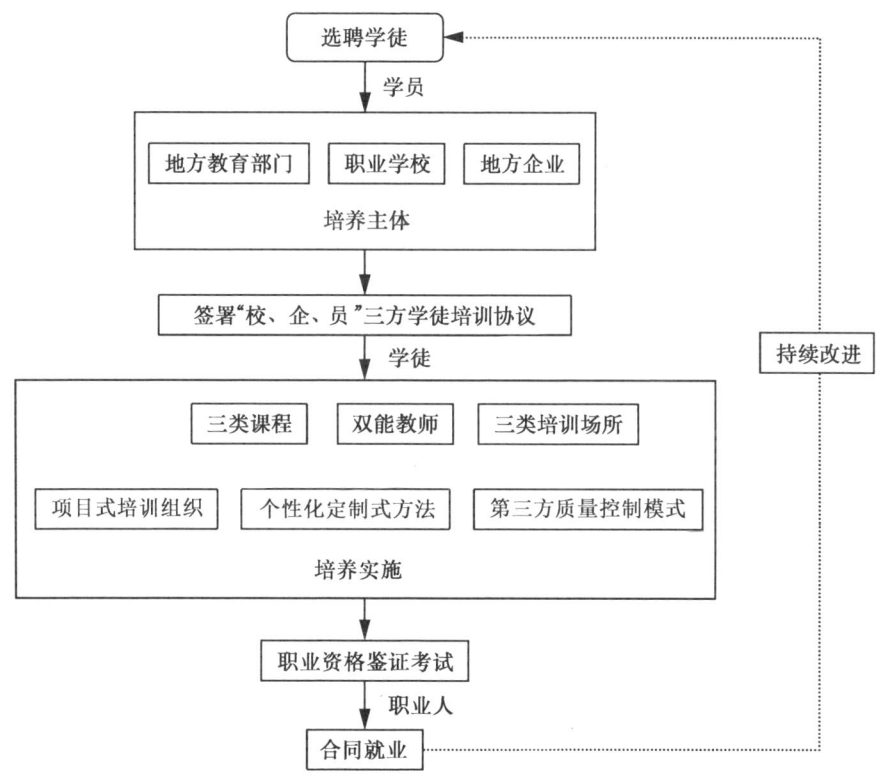

图1 新双元制职业教育人才培养流程图

5.1 选聘学徒

以企业人才需求为导向,根据学员特点、意愿度以及对新双元制培养模式的认可度,通过面试、专业操作考试等方式,组织对学员进行选聘,选聘后学员成为企业未来的员工。

5.2 协议培养

根据双元合作培养原则,在地方教育部门的支持下,"校、企、员"签署学徒联合培养协议,规定多方工作职责、内容、学习任务以及工作目标,在以培养高质量人才为共同目标的原则下培养专业技术人才。

5.3 三类课程

以能力为目标构建课程体系,开发课程实施模式。以培养行为能力为重点的学习领域化课程;以培养实践技术技能为重点形成工作行动能力的项目化课程;以培养岗位生产能力为重点的职业化课程。以上培养目标在一定程度上复合存在于综合任务式课程。

5.4 双能教师

教师具备丰富的专业知识和与专业技术紧密相关的生产经验,熟练应用教学方法,能够持续激发学员的学习兴趣。

5.5 三类培训场所

在培训中心、生产岗位和学习教室三类培训场所交替培训。

5.6 项目式培训组织

以工作项目载体、能力目标导向、学习任务驱动为整体培训方案,组织学员在完整的行动过程中完成工作计划制订、生产资源选型、实践操作、技术移交和质量控制等技术流程,在完整的项目行动过程中培养学员生产流程技术能力。

5.7 个性化定制式方法

尊重差异化学习方式,根据特长、特点和学习需求,在专业发展范围内,向学员提供智能化匹配学习计划,制定符合每一位学员的特定学习方式、教学方式和适应性学习内容。

5.8 第三方质量控制模式

由非直接参与培训方组建的临时培训质量控制小组,对技术人才培训计划、实施过程、成果以及配套计划资源进行监督和检查,以确保人才培训质量。

6 培养主体

6.1 职业院校

6.1.1 职业院校包括中高等职业院校、职业教育本科院校、高级技工学校及技师学院等。

6.1.2 应培养学员具备专业知识与技能的可持续发展能力;培养学员在职业发展和社会生活中富有责任感地采取行动的能力和意志。

6.1.3 应根据学校自身的教育任务,按照行为领域课程体系培养学员。

6.1.4 教学内容和课程设置应满足不同专业、不同层次的学员以及各种职场和社会的需求。

6.2 培训型企业

6.2.1 培训型企业是指在地方政府政策的支持下,以培养需要的技术人才为目标,有意愿与地方职业学校合作培养专业技术人才的企业单位。

6.2.2 应设有专门从事培训的部门,建设培训中心或直接参与培训中心管理,尽可能专业从事职业教育培训工作,适应新双元制人才培养的计划方案,能够提供合作培养需要的培训资源。

6.2.3 应配备培训师和岗位师傅专业岗位,设置学徒选聘、培养和管理制度,能与职业学校共同开发培训课程,制定学员培训的责任制度、培训质量评价方案和学员、培训师、培训中心等管理制度。

6.3 职业培训机构

6.3.1 职业培训机构在地方政府支持、行业协会指导下,由职业院校、用人企业共同建设或者由第三方投资建设。

6.3.2 应在培训机构中设置行动领域课程,满足小型企业对人才的培训需求。

6.3.3 应配备专职的培训师,联合职业院校教师与企业工程技术人员共同开发培训课程,制定培训质量评价方案和管理体系。

6.3.4 应实施企业化管理、市场化运作。

7 教学内容

7.1 总则

7.1.1 职业院校联合企业工程技术、生产管理等相关人员,按照职业能力与职业素养并重的人才培养原则来开发教学内容。

7.1.2 以培养学员掌握可持续发展的专业知识为目标,设置行为领域课程。

7.1.3 以培养学员专业技术能力为目标,设置行动领域课程。

7.1.4 以满足专业岗位的业务能力需求为目标,设置岗位领域课程。

7.1.5 以培养学员具备综合职业能力为目标,设置学习领域课程。

7.2 行为领域课程

7.2.1 行为领域课程由职业院校设置。其应以能力为导向设置课程目标,以学习任务驱动开发课程内容,以情境化设计教学现场,尽可能激发学员主体学习意识。

7.2.2 除培养学员获得知识和技能外,更应注重培养学员获得解决问题的方法、劳动的意愿度和学习能力,促进学员更加坚决地解决实际问题的决心和意志的形成。

7.2.3 课程的设计应参考 GB/T 19028—2018 中 6.2 的相关要求。

7.3 行动领域课程

7.3.1 行动领域课程应培养学员在社会情境、职业情境和生活情境中,从事工作活动采取的熟练而专业的、深思熟虑的且负有社会责任的行动能力和意愿。

7.3.2 课程教学以专业实际操作训练为主。

7.3.3 课程应注重培养学员坚毅执着、精益求精的工匠精神。

7.4 岗位领域课程

7.4.1 岗位领域课程应根据专业对应的企业岗位生产与服务标准,企业生产与服务的组织、流程,企业员工职业化要求设置。

7.4.2 应将企业中信息检索、资料收集、计划实施、精益生产和服务、现场管理等岗位任务融入培养过程。

7.4.3 岗位领域课程分为识岗培训、适岗培训和定岗培训三个阶段,由企业岗位师傅在企业专业技术岗位上进行生产或服务的培训指导。

7.4.4 课程设计应参考 GB/T 18725—2008 中第 3 章的内容。

7.5 学习领域课程

7.5.1 学习领域课程应根据专业核心技术内容与培训职业典型工作任务相结合的要求设置。

7.5.2 以专业知识、技能、过程方法应用为重点,设计复合学习过程,在完成学习任务的过程中设置学习情境、行动过程,在情境实践中设置完整的职业过程和职业任务,形成研究学习、模拟生产、行动实践和职业体验一体化的学习形式。

7.5.3 学习领域课程应在行为领域课程和行动领域课程实施并获得一定的学习成果的基础上设置。

8 师资队伍

8.1 总则

8.1.1 师资队伍主要由专任教师、培训师和岗位师傅等3类教学团队组成。

8.1.2 应具备所教专业技术领域的专业技术知识，同时掌握相关技术领域实践要求。

8.1.3 能够把生产、服务涉及的技术标准或流程融入培养过程，把专业技术岗位涉及的工作任务开发成学习任务，形成课程方案，并运用相应教学方法、教学原则，组织实施教学和培训。

8.1.4 了解企业对管理标准及对管理体系建设的需求，熟悉管理体系要素，并掌握建设、实施、保持和持续改进管理体系的过程、方法。

8.2 专任教师

在职业院校中，专任教师负责从事行为领域课程的开发和教学实施，宜符合以下能力要求：

——具有与所教课程内容匹配的专业理论知识；

——了解专业对应的企业涉及的专业技术岗位任务，掌握岗位的生产、服务流程和技术标准；

——能够根据岗位任务开发教学内容，根据生产、服务流程设计完整的教学过程；

——能够灵活运用多种教学方法和教学手段；

——能够在教学工作中了解人才培养目标，遵循教学原则，坚持学习，创新发展。

8.3 培训师

在培训中心,培训师负责从事行动领域课程的开发和培训实施,宜符合以下能力要求:

——具有培训内容需要的专业技术应用知识;

——明确专业对应企业中的专业技术岗位任务,能够熟练使用工具、设备及其他生产、服务材料完成生产、服务任务;

——能够根据岗位任务开发培训内容,根据生产、服务流程设计培训过程;

——能够灵活运用多种培训方法和培训手段;

——能够同时促进学员专业能力和关键能力的发展与完善;

——善于学习,能够保持个人技术的创新性。

8.4 岗位师傅

岗位师傅负责岗位领域课程的开发和培训实施,宜符合以下能力要求:

——具有专业对应的企业专业技术岗位生产、服务经验和岗位管理经验;

——具有启发式技术交流沟通能力,善于运用体验、模仿、研讨等教学方法。

9 教学实施

9.1 培养方案与培训计划的制订

9.1.1 由行业指导、校企共同制定符合专业对应的行业企业需要的人才培养方案。

9.1.2 制订周、月、季、年度的教学和培训计划。

9.1.3 交替实施模块化行为领域课程、行动领域课程和岗位领域课程。

9.1.4 使理论知识和操作技能的教学与培训相辅相成、融会贯通。

9.2 实施模式

9.2.1 多站互动

多站互动的主要内容包括：

a) 人才培养在"一体化教室、培训中心、企业专业技术岗位"三个场所交替实施；

b) 在一体化教室实施以专业理论知识为主的行为领域课程；

c) 在培训中心实施以操作技能为主的行动领域课程；

d) 在企业专业技术岗位实施以生产、服务实践为主的岗位领域课程。

9.2.2 分段交替

行为领域课程、行动领域课程、岗位领域课程交替培训、分段实施、融合促进，逐步提高学员的专业技能。

9.3 学时分配

9.3.1 总学时确定原则

在社会职业转化为职业教育专业过程中，依据培养目标、培养规格，合理设置培训内容，无须将理论知识系统化，力求工作过程系统化，并能持续改进、不断优化。

9.3.2 三类课程学时分配

行为领域课程、行动领域课程、岗位领域课程的学时分配比例宜为 2∶3∶1。

9.4 师生编排

9.4.1 分组培训

为提高培训资源利用率，根据培训资源配比分组轮换培训，实现一人一工位。

9.4.2 班级编制

为适合集中教学和分组培训,班级人数宜为 24~30 人。

9.4.3 师生比例

不同场所的师生比例应根据实际情况而定,应参考以下比例:

a) 在学校,实施整班制教学;

b) 在培训中心,培训师与学徒的比例宜为 1∶15;

c) 在企业实习岗位上,岗位师傅与学徒的比例宜按不低于 1∶4 配置。

10 培训中心现场管理

10.1 功能目标

培训中心是产教融合、校企合作实施人才培养的支撑平台;是吸收企业生产技术资源和生产管理经验融入培训课程建设的保障平台;是彰显企业技术资源和生产要求在职业教育中重要价值的有效举措。围绕专业或专业群建设培训中心,应秉持企业的生产流程、产品技术标准、产品质量控制标准和人才职业综合素质培养的综合功能目标。

10.2 建设内容

培训中心建设除包括设备体系建设形成的技术技能培训功能区域以外,还要包括培训师队伍建设、项目化工作开发、运行管理体系和培训服务体系。

10.3 功能区建设

设置与行动领域课程匹配的培训功能区,基本包括主技术培训区、现场办公区、多功能学习区、信息化管理区、材料存放区和生活功能区。

10.4 生产和服务性布局

生产和服务性布局应适应于完成项目化工作,以更好地培养学员操作技能为目标,按照生产和服务流程布局设施、设备,并与培训功能相结合,将生产、服务和技术标准进行融合深化,并在实施中进行可视化展示。

10.5 现场运行与管理

采用经理负责制现场管理模式,促进师生全员负责现场管理,规范现场运行与管理,建设培训师现场管理工作标准、学员工作和管理一体化标准、设备设施管理标准和流程管理标准。现场管理包括但不限于培训安全、"5S"管理、全员设施设备维护、持续改进管理等内容,应参考 GB/T 29590—2013 中 4.2 的内容。

10.6 现场组织

10.6.1 现场安全

培训场所应设置必要的安全标识和警示语,培训过程中应进行安全操作,生产和服务过程中应注重安全细节。

10.6.2 操作规范

培训过程中,严格按照设备、设施的使用、操作标准和流程进行,按照企业生产、服务要求进行培训,实现操作规范化和流程化。

10.6.3 可视化管理

培训场所中开展可视化管理,实现安全准则、培训要求、教学管理、设施设备管理、规章制度等信息的可视化,应参考 GB/T 36531—2018 中第 6 章和第 7 章的内容。

11 评价与改进

11.1 评价准则

评价准则的设置应考虑以下内容:
a)以高质量人才培养为导向;
b)依据岗位需求制定教学/培训体系;

c)涵盖教学内容、教学组织、教学管理、师资结构和成本投入等关键要素。

11.2 评价流程

政府部门、用人单位及培训企业、行业协会、职业院校等联合成立新双元制职业教育评价委员会或评价组织,依据评价规则设计评价指标,对相关的关键点进行教学/培训效果的评价和反馈。

11.3 评价指标

评价指标的设置应参考 GB/T 36733—2018 中 5.2 和 6.2 的内容,评价指标体系表参考附录 A。主要评价指标应包括:

a)培训企业;
b)学徒招聘;
c)培养方案制定;
d)专业课程开发;
e)实训平台建设;
f)人才培养实施;
g)培养效果评价。

11.4 改进

根据评价结果提出改进措施,由培养主体落实持续改进的具体措施,不断改进与完善评价指标体系,应参考 GB/T 19273—2017 中 9.2 的内容。

附录 A
（资料性附录）
新双元制职业教育人才培养工作评价指标体系表

表 A.1 给出了新双元制职业教育人才培养工作评价指标体系的项目和要求。

表 A.1 新双元制职业教育人才培养工作评价指标体系表

项目	要求	
1. 培训企业	1.1	属地方企业，在地方政府的支持下，重视与职业学校深度合作人才培养
	1.2	建好企业实施制度，设置专职人员负责培训工作，规范、稳定从事职业教育培训
	1.3	每年职业教育培训资源投入稳定，学徒培训人均投入核算不低于0.6万元
2. 学徒招聘	2.1	有完整的学徒招聘方案
	2.2	企业成为学徒招聘的主体
	2.3	"校、企、员"三方签订协议：学校与企业明确双方职责分工，学员明确学徒身份
3. 培养方案制定	3.1	开发、建设专业能力体系结构，以能力培养为导向，制定培养方案，明确培训任务
	3.2	人才培养专业目标与解决岗位典型任务的能力要求一致
	3.3	根据人才培养规律，按基础、专业和岗位要求设计课程体系
	3.4	遵循第三方认证原则，以能力考核为导向，制定职业资格鉴证方案
	3.5	以生产性、职业性和专业性为要求，规定培训、教学的场所和教室的条件
4. 专业课程开发	4.1	明确三类课程，制定行为、行动、职业三类学习目标和培训任务
	4.2	课程实施三类课多站互动交替培训
	4.3	培训课程项目化，突出综合能力复合性培训
	4.4	课程资源呈现方式多样，线上、线下教学和培训资源丰富
5. 实训平台建设	5.1	以生产现场的技术标准建设培训中心
	5.2	培训中心有独立的组织管理体系
	5.3	培训中心具有独立的培训计划，能够向学徒提供个性化培训方案
	5.4	培训中心具有独立预算和核算能力，符合第三方质量体系认证
	5.5	建有服务于培训企业岗位需求的能力中心

续表

项目	要求	
6.人才培养实施	6.1	校企组成稳定的双能教学、培训团队
	6.2	组班人数为24~30,在学校集中教学,在培训中心分组实施培训
	6.3	学校教学与培训中心培训分段交替实施
	6.4	职业资格考核学员制订行动计划,完成简单、综合、复杂工作任务的能力
7.培养效果评价	7.1	始终坚持第三方认证的质量管理体系
	7.2	学员毕业获得职业资格的合格率不低于90%
	7.3	培训企业设定的培训职业岗位的就业率不低于80%

参考文献

[1]《国务院关于印发国家职业教育改革实施方案的通知》(国发〔2019〕4号).

[2]《教育部等六部门关于印发〈职业学校校企合作促进办法〉的通知》(教职成〔2018〕1号).

[3]《教育部办公厅关于开展职业教育校企深度合作项目建设工作的通知》(教职成厅函〔2018〕55号).

[4]《国家发改委、教育部、人社部和国家开发银行〈关于老工业基地产业转型技术技能人才双元培育改革试点方案的通知〉》.

[5]《营口市人民政府关于推进营口盘锦两市协同发展的实施意见》.

[6]《营口市教育局关于深化中等职业教育教学改革全面提高人才培养质量的实施方案》,2016.

[7]《营口市关于推进高等院校 职业院校产教融合 校企合作与人才培养的实施意见》,2019.

[8]《江苏省职业教育校企合作促进条例》(2019年3月29日江苏省第十三届人民代表大会常务委员会第八次会议通过).

[9]郑思亭,王卫林,周家华.以行为能力培养为导向的就业辅导课程

教学的再思考. 宿州学院学报[J],2011(12):117-119.

[10] 宋春燕,罗小平. 以培养职业行动能力为核心的学习领域课程模式:德国职业教育课程改革研究. 广东技术师范学院学报[J],2008(8):1-4.

新双元制职业教育

师资队伍建设和教师教学能力体系

1 范围

本标准规定了教学教师和培训师日常工作职责、从业的能力体系、选聘的依据、师资队伍建设规范,同时,定义了在新双元制职业教育模式下培训师、能力中心、培训中心等特定术语。

本标准适用于采用新双元制职业教育模式培养人才的职业院校、培训型企业和职业培训机构对师资的选拔、培养和建设管理。

2 术语和定义

2.1 新双元制

借鉴校企双元制人才培养模式,依据地方产业发展的形式、基础和目标,制定符合地方产业、行业对技术人才培养需求的校企合作人才培养职业教育模式。由学校与企业共同参与的双主体职业教育:作为学校元的职业院校与作为企业元的培训型企业或职业培训机构共同承担人才培养任务,是培养高质量专业技术人才的职业教育培训模式。

2.2 培训师

培训师是指具备生产经验和教育教学能力,组织开展学徒技术技能培训的专职在培训中心工作的培训工作者。

2.3 能力中心

能力中心是指以培养学徒岗位工作能力为目标的培训场所。以行业企业中岗位工作需求为导向,结合岗位的生产流程制订培训计划,依据产品质量标准控制培训成果,在职业情境下规范工作行为,以培养学徒职业岗位能力为目标的专业场所。

2.4 培训中心

培训中心是指由地方政府主导,职业学校依据产业发展的人才培养诉求,与地方企业合作建设和管理,以培训学员专业技术技能、个人能力、社会能力、学习与工作方法等职业能力为目标,具备生产制定、操作实践、学习研讨和技术移交等多项功能,以项目工作的培训形式组织实施培训的场所。

3 规范性引用标准

下列标准对于本部分的应用是必不可少的。

GB/T 18725—2008　制造业信息化 技术术语
GB/T 19028—2018　质量管理 人员参与和能力指南
GB/T 19273—2017　企业标准化工作 评价与改进
GB/T 26998—2020　职业经理人考试测评
GB/T 29590—2013　企业现场管理准则
GB/T 36531—2018　生产现场可视化管理系统技术规范
GB/T 36733—2018　服务质量评价通则

4 教学教师的工作职责

4.1 教育教学

——教授学员专业基础知识;
——使学员掌握学习方法,提高学员学习能力;
——根据学习条件制定教学方案,开发教学方法;
——应用学习成果激励学员提升学习兴趣。

4.2 教学改革

——以行为能力为目标的教学思想建设,以培养学员获得工作需要的关键能力为工作标准;
——吸收企业岗位真实的、现场的生产经验和技术要求,传授学员与

职业、生产相一致的专业技术知识;

——善于根据学员学习特点、个性差异制定教学方案;

——借鉴新双元制职业教育在实践过程中的成果与经验,善于结合社会需求创新教育教学方案、方法,善于与人才需求方合作拓展教学发展的技术。

4.3 日常管理

——承担教学资源包括专业教学场所的日常管理运行工作;

——承担至少一个班级学员学业学习指导工作。

4.4 质量控制

——能够制定专业课程实施评价的标准体系;

——能够正确评价学员专业能力、个人能力和社会能力的发展程度、等级;

——具有持续提高教学质量、教学能力和改善教学资源的决心和意志。

4.5 课程建设

——能够根据岗位需求、学员情况制定课程开发、持续建设的方案和路径;

——根据课程实施的要求持续改进与之适应的教学条件、资源、环境;

——以提高学员能力为目标,将学习内容任务化作开发课程的基本原则;

——将教学环境、学习方法、条件资源与技术内容相融合建设课程,将服务于能力复合型人才培养作为课程建设的着力点。

4.6 教学研究

——不断学习研究职业教育的有效成果与经验;

——善于吸取新双元制课程建设的成果与经验；

——持续研究青年人在环境变化中求知、求职、成才的规律和要求，创新课程建设开发的路径、方法、方案；

——研究地方经济、产业发展对技术人员素质的需求，分析职业教育在地方经济发展中的依存关系方案、价值贡献。

5 培训师的工作职责

5.1 技术培训

——教授学徒生产实践知识；

——培训学徒实践技术技能；

——组织学徒开展项目化工作，在完整的行动模式中体验生产流程和生产质量管理模式。

5.2 教学改革

——建立以提高行动能力为目标的培训思想，以培养学员获得生产需要的关键能力为工作标准；

——学习企业岗位真实的、现场的生产经验和技术要求，传授学员贴近职业、与生产相一致的专业技术知识；

——善于根据学员学习特点、个性差异制定培训方案；

——借鉴新双元制职业教育在实践过程中的成果与经验，善于结合社会需求创新技术培训方案、方法，善于拓展创新培训发展的技术路径，寻求更好的培训技术人才的技术路径。

5.3 日常管理

——承担培训资源管理工作；

——负责培训中心的现场管理；

——负责学徒培训安全管理；

——负责项目培训策划、成本核算和成果控制。

5.4　质量控制

——能够制定培训项目工作评价的标准体系；

——能够正确评价学员专业能力、个人能力和社会能力的发展程度、等级；

——具有持续完善培训方式、提高自身培训能力和持续改善培训环境的决心和意志。

5.5　课程建设

——能够根据生产需求、职业技能需要制定培训项目开发、项目持续建设的方案和路径；

——根据培训项目实施的需求，持续改进与之匹配的培训条件、资源和工作环境；

——以提高学员行动能力为目标，将培训技术技能任务化，作为开发项目化课程的基本原则；

——将教学环境、学习方法、条件资源与技术内容相融合建设课程，将服务于能力复合型人才培养作为课程建设的着力点。

5.6　教学研究

——不断学习研究企业式培训中心建设和运行的有效成果与经验；

——善于吸取新双元制项目工作体系建设的成果与经验；

——持续研究青年人在环境变化中求知、求职、成才的规律和要求，坚持结合生产实践创新项目开发的路径、方案；

——研究地方经济、产业发展对技术人员素质的需求，分析职业教育在地方经济发展中的依存关系方案、价值贡献。

6　教学教师的能力体系

6.1　教育教学能力

——具备根据人才培养方案,实施课程建设、开发并组织实施的专业教学基础能力;

——具备与本专业相匹配的专业知识和基本技术技能;

——具有丰富的教学方法和善于激励学员自主学习的能力。

6.2　职业实践能力

——熟悉与本专业相关的岗位生产流程;

——具备与教学专业相关联的岗位生产实践能力;

——具备专业领域技术成果质量控制能力和意识;

——熟悉企业生产组织和管理流程。

6.3　工作方法能力

——根据教学实践的需要,掌握开发教学资源的一般方法;

——根据岗位、职业和学员个人的需要,具备创新开发学习行动方案的基本能力;

——掌握与企业技术人员合作开发课程,并将生产创新知识和实践融入课程的一般技术路径;

——具备通过研究地方经济、产业发展对技术人员素质的需求,分析职业教育在地方经济发展中的依存方案、价值贡献,参与制定人才培养方案的技术能力。

6.4　质量控制意识

——坚持以培养学员行为能力为目标的教学质量控制原则;

——能够以职业行为标准对学员行为过程进行规范;

——善于应用生产经验和产品质量控制方法对学员学习成果进行科

学评价；

——能够根据学员差异化特征制定人才评价差异化方法，促进学员个性化成长。

6.5 创新实践能力

——具备善于汲取企业生产新工艺、新技术、新要求，创新开发教学内容的意愿和决心；

——掌握善于结合生产流程，创新开发学习行为方案的方法和路径；

——持续更新、完善教育教学方法，掌握激励学员自主学习的系统方案；

——具备根据教学实践一体化实施要求，组织开发教学环境、设备设施以及现场管理方案的关键创新能力。

7 培训师的能力体系

7.1 培训能力

——具备专业基础知识；

——具备专业技术产品生产的技术技能；

——具有丰富的教学方法和善于激励学员自主学习的能力；

——具备根据培训目标制定培训方案的基本能力。

7.2 生产实践能力

——熟悉企业生产组织管理流程；

——熟悉与本专业相关的岗位生产流程；

——具备与培训岗位相关联的生产实践能力；

——具备对专业领域技术成果进行质量控制的能力和意识。

7.3 工作方法能力

——具备以培训行动能力为目标，善于组织开发培训资源的方法和意识；

——能够应用生产技术流程开发完整性行动过程的项目工作过程；

——具备根据企业岗位生产工艺和流程持续创新、开发培训项目和项目流程的能力。

7.4 质量控制能力

——坚持以培养学员行动能力为目标的培训质量控制原则；

——能够以过程行为标准对学徒学习过程进行规范和评价；

——善于应用生产产品质量控制要求、标准对学徒学习成果进行评价；

——善于应用生产经验和产品质量控制方法对学员学习成果进行科学评价；

——能够根据学员差异化特征制定人才评价差异化方法，促进学员个性化成长；

——具备根据职业要求综合评价学徒的职业行为的能力。

7.5 培训项目开发能力

——具备结合生产及产品，开发培训项目的能力；

——掌握善于结合生产流程，创新开发学徒行动方案的方法和路径；

——能够持续更新、完善培训方法，掌握激励学员自主学习的系统方案；

——具备开发教学环境、设备设施、项目资源的关键创新能力。

7.6 合作工作能力

——具备与专任教师合作开发学习内容的能力；

——具备与专任教师合作开发教学、培训资源的能力；

——具备与专任教师合作制订培训计划、方案的能力。

8 培训师的选聘

8.1 选聘条件

——具备与专业相关的基础知识和技术知识;
——在企业生产岗位工作5年以上,具备与专业有关的生产经验和生产现场管理经验;
——熟悉职业教育,宜选聘职业教育学校毕业的技术人员;
——日常职业行为规范,企业岗位工作认同度高。

8.2 选聘流程

新双元制职业教育培训师选聘流程如图1所示。

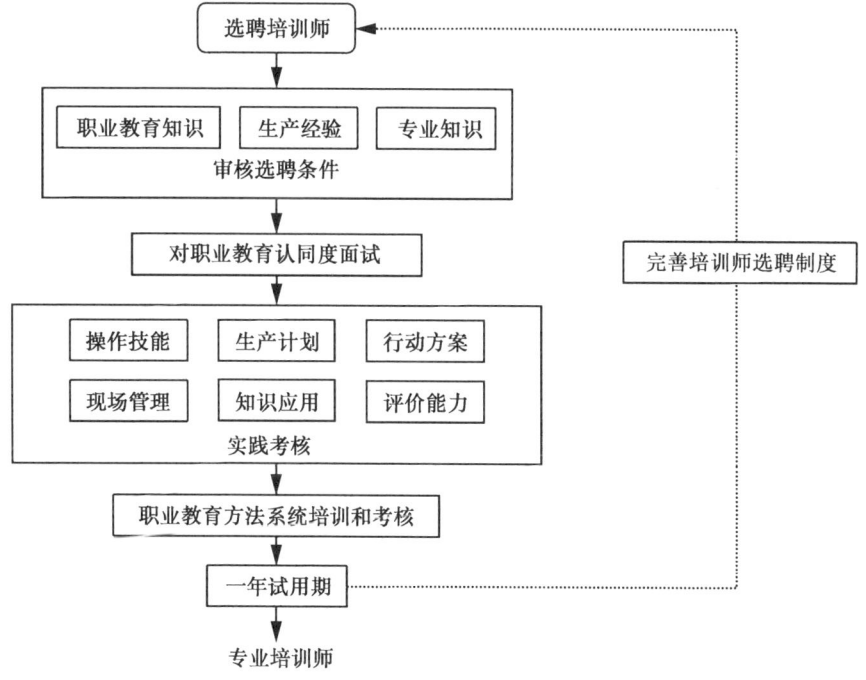

图1 新双元制职业教育培训师选聘流程图

8.3 上岗条件

——具备制订培训计划的能力;

——具备项目化课程开发的能力；
——掌握系统的教学方法；
——熟悉学徒选聘的流程；
——掌握学徒职业资格的获取条件；
——熟悉培训中心的管理和运行标准。

9 师资队伍建设规范

9.1 能力提升方案

——持续提升课程开发能力，尤其是吸收新技术、新工艺、新管理方法来实施课程开发的能力；
——研究青年人成才的个性化需求，不断创新培训方案和计划；
——不断提升产品生产能力和生产岗位管理运行能力；
——培训型企业应制定培训师培训能力提升方案，每3年培训师在生产岗位工作时间不低于4个月。

9.2 阶梯建设方案

——设置培训经理管理制度；
——设置初、中、高三级培训能力鉴定制度；
——设置培训师培训制度和年度考核制度。

9.3 合作工作方案

——在校企合作的框架下，建立培训师和教师合作开发教学资源的工作方案；
——具备与专任教师合作开发学习内容的能力；
——具备与专任教师合作开发教学和培训资源的能力；
——具备与专任教师合作制订培训计划的能力。

附录 A
（资料性附录）
新双元制职业教育人才培养工作评价指标体系表

表 A.1 给出了新双元制职业教育人才培养工作评价指标体系的项目和要求。

表 A.1 新双元制职业教育人才培养工作评价指标体系表

项目	要求
1. 岗位职责	1.1 现场培训工作量占总工作量75%以上
	1.2 承担对培训中心及培训资源的管理工作
	1.3 有效指导学徒职业规划
	1.4 坚持培训创新和有效、持续开发新的培训内容
2. 培训能力	2.1 培训方法高效，能够激发学徒自主学习
	2.2 进一步熟悉企业产品生产流程、产品质量控制和生产现场管理
	2.3 善于开发新的培训项目、内容和方法
	2.4 善于开发培训设备、环境和培训管理制度或标准
3. 培训开发	3.1 每年至少开发培训项目2项以上
	3.2 协助专任教师开发学习领域课程
	3.3 能够创新培训环境，促进培训能力的提升
	3.4 积极参与培训现场管理制度的创新和制定
4. 职业能力	4.1 具备善于沟通合作和制订团队培训计划的能力
	4.2 研究青年差异化特征，能根据学徒特点制定促进青年成才的培训方案
	4.3 培训能力不断提升，善于制订培训计划，制定内容和评价方案
	4.4 研究新双元制职业教育，具备培训技术人员服务于地方产业发展的思想意识
5. 合作建设工作	5.1 配合培训企业完成对技术人才的培训工作
	5.2 参与第三方职业资格认证
	5.3 参与与职业学校合作共同培养人才的方案制定
	5.4 与培训师团队合作不断完善培训中心的管理和运行

续表

项目	要求	
6.培训技术研究和创新	6.1	能够应用信息化手段组织培训
	6.2	能够开发电子培训课程
	6.3	及时跟踪企业最新产品、工艺技术发展形式,制订、完善培训计划
	6.4	研究企业技术发展、生产方式的变革对技术人才培训的新要求和新办法
7.培养效果评价	7.1	学徒认可度占比90%以上
	7.2	团队成员对工作认可度90%以上
	7.3	培训学徒受企业欢迎,满意度95%以上

新双元制职业教育
培训中心建设与运行管理

1 范围

本标准规定了依据专业建设的需要如何建设高质量、适应性强的培训环境,重点规定了新双元制模式下,围绕地方产业对培养技术人才的需求,规定了培训中心、能力中心、学习工厂的建设体系和管理模式,突出设施体系、管理体系和服务体系的建设与持续改进措施,同时,定义了在新双元制职业教育模式下培训职业、新双元制、培训师、能力中心、学习工厂4.0、培训中心、学习型办公室等特定术语。

本标准适用于实施新双元制职业教育模式培养人才的职业学校、培训型企业和职业培训机构对培训环境的建设、管理和持续改进。

2 术语和定义

2.1 培训职业

培训职业是与职业学校合作实施人才培养的培训型企业,提供给学员学习的内容、目标和工作方向,是学员服务于企业并作为主要生活来源的工作方向。

2.2 新双元制

新双元制是借鉴校企双元制人才培养模式,依据地方产业发展的形式、基础和目标,制定符合地方产业、行业对技术人才需求的校企合作人才培养职业教育模式。由学校与企业共同参与的双主体职业教育:作为学校元的职业院校与作为企业元的培训型企业或职业培训机构共同承担人才培养任务,培养高质量专业技术人才的职业教育培训模式。

2.3 培训师

培训师是具备生产经验和教学能力,组织开展学徒技术技能培训,专职在培训中心工作的培训工作者。

2.4 能力中心

能力中心是以培养岗位工作能力为目标的培训场所,是以企业中岗位工作需求为导向,结合岗位的生产流程制订培训计划,依据产品质量标准控制培训成果,在职业情境下规范工作行为,以培养学徒职业岗位能力为目标的专业场所。

2.5 学习工厂4.0

学习工厂4.0是能根据个体需求智能生成培训计划、自主学习模式,在职业流程中学习,根据培训过程和成果进行数据分析获取培训质量评测结果,以职业的关键技术流程建设的培训体系。以下简称学习工厂。

2.6 培训中心

培训中心是指由地方政府主导,职业学校依据产业发展的人才培养诉求,与地方企业合作建设和管理,以培训学员专业技术技能、个人能力、社会能力、学习与工作方法等职业能力为目标,具备生产制定、操作实践、学习研讨和技术移交等多项功能,以项目工作的培训形式组织实施培训的场所。

2.7 学习型办公室

学习型办公室是根据培训职业培养人才的特点,主要以培养学员职业意识、深入体验培训职业工作流程为目的,建设的模仿职业办公的培训场所。

3 规范性引用标准

下列标准对于本部分的应用是必不可少的。
GB/T 19273—2017　企业标准化工作 评价与改进
GB/T 20530—2006　文献档案资料数字化工作导则
GB 2894—2008　安全标志及其使用导则

GB/T 36350—2018　信息技术 学习、教育和培训 数字化学习资源语义描述

GB/T 36531—2018　生产现场可视化管理系统技术规范

GB/T 36733—2018　服务质量评价通则

德国双元制职业教育 机电一体化工培训条例

4　建设目标

4.1　技术目标

4.1.1　依托地方经济产业技术发展形式,建设与产业技术贴近的技术培训载体,成为地方产业技术、生产技术和产品技术传承的技术培训平台。

4.1.2　通过软硬件体系建设,将生产新技术、新工艺、新管理融入培训体系,成为高新生产技术培训的载体平台。

4.1.3　以服务地方产业经济发展为目标,集聚技术培训资源,建成集"人才培养、生产实践、技术支撑和转移"于一体的产业服务平台。

4.2　管理目标

设置培训经理负责制的企业式管理,相对独立于学校的教学管理,能够直接与地方企业技术人才培训需求相对接,明确培训目标,强化成本核算和目标效益制度,形成与学校教学目标相融合、工作重点有差异的相对独立的工作站。

4.3　培训目标

创造人才培养多类型环境资源,培养学员需要的复合能力。以典型工作技术过程培养学员专业能力;以典型岗位工艺技术培养学员技能实践能力;以职业标准和过程要求培养学员个人关键能力;以职业涉及的典型生产过程及质量控制过程,培养学员生产现场管理能力和过程控制能

力;以结合具体的培训职业需求,能够促使以上能力价值的有效应用为目的,选择性重点培养学员的个人能力和方法能力。

4.4 培训类型

学徒培训,成为与职业学校互动培养学徒的技术站,为地方产业发展提供专业技术人才支撑;技术人员培训,提供产业经济转型需要的紧缺生产技术人才培训,促进地方企业生产技术转型升级。

5 建设功能

5.1 培训功能

建成培训师团队,开发项目化课程,以提高行动能力为目标培养专业技术人才的功能。

5.2 生产功能

通过生产技术积累,开发具有多工艺流程工厂式功能,引入企业技术产品质量控制标准和技术流程,使培训载体具有组织简单产品的生产功能。

5.3 服务功能

强化培训载体的服务功能,促进独立管理模式的培训服务体系的形成,设置办公、会议、资讯、信息、安全管理等多类型辅助培训功能,提升培训的整体运行能力。

5.4 职业资格鉴证

具备培训关于职业的工作能力,能够从技术功能、设备设施和环境建设提供组织职业资格鉴证的能力。

6 场所和设施建设

6.1 总体建设规划

6.1.1 根据技术培训需求,统筹规划、科学布局,按照集强化培训能力与技术生产能力等于一体的原则进行场所设立和设施设备配置。

6.1.2 加强培训辅助功能规划,促进相对独立企业化管理模式,提升培训软实力,科学设置生产辅助场所、独立的办公场所、一体化培训现场等辅助场所。

6.1.3 按照人才成长规律和职业岗位工作的现实需求,建设多维能力目标培养复合型培训场所,建设专业技术基础能力的培训中心、建设职业岗位能力的能力中心以及建设现代生产流程规划能力的学习工厂等,实现技术人员多维复合能力的培训。

6.1.4 深化校企合作,统筹区域培训资源,加强课程开发、管理能力、培训团队和资源统筹等培训软实力建设。

6.2 办公场所

6.2.1 办公场所应配备办公桌椅,办公电脑,必备办公用品,复印、扫描、打印一体机,文件柜,更衣柜等。

6.2.2 设置培训师现场办公区,采用"间隔式"等开放方式设置,对培训区、学员职业行为进行观察与指导。

6.2.3 会议室

会议室设施设备一般包括:

——会议桌椅;

——影音系统、书写展示系统、电视电话会议系统;

——文件柜,用于存放会议用品及资料;

——展示柜,用于展示培训成果,文化、宣传资料等。

6.2.4 培训资料室的面积应根据培训中心规模设定,配备必要的文件柜。

6.3 培训主场所

6.3.1 培训中心

应根据项目工作内容设立和布局,满足相应培训职业专业技能实践培训,还应为学员提供适合自主学习、合作交流学习的环境。

专业技术培训区应满足以下建设要求:

——应根据不同类型的项目工作需要设立多个相对独立的培训区,并按项目工作流程的关联性布局;

——应设置信息展示区,多功能学习区和物料存放、准备区;

——应配备用于技能培训(如:综合加工区、专业模块加工区),物品存储(如:工具车、工具柜),物品运输(如:液压车、升降车等)和安全防护等的设施设备;

——每个独立培训区应能满足相应专业技能实践培训的需求;

——独立培训区应根据培训职业、培训规模、设备规格进行区域面积、设备台/套数等核算,并按生产和服务流程布局设施设备。

6.3.2 能力中心

应根据职业核心岗位能力培训进行设立和功能布局,满足真实岗位典型工作任务实施的需求,还应为学员提供适合团队学习的情境。

能力中心训练区应满足以下建设要求:

——应根据真实岗位关键工作任务实施需要设立培训区,尽可能按岗位生产项目关联性实施布局;

——应设置生产信息展示区,多功能学习区和物料存放、准备区;

——应配备用于行动能力训练、产品质量控制、职业岗位体验、物品存储、物品运输和安全防护等的设施设备,将涉及生产的工具、元件、工艺等资源融入培训实践中;

——每个能力中心的技术能反映真实岗位的实践需要;

——能力中心根据培训职业涉及的关键岗位设计、建立,在工艺技术上尽可能与培训中心功能相衔接。

6.3.3 学习工厂

应根据培训职业涉及的关键生产流程中典型技术技能任务培养进行设立和布局,满足生产流程及关键技术流程的建设,还应为学员提供职业行为训练、团队工作的情境。

设立学习工厂应满足以下要求：

——应根据一种产品生产的技术流程设置培训区,并按关键技术关联性设置独立的培训角；

——应设置培训情境,促进分组学习、个性培训、独立行动和团队工作的实施；

——分别设置产品生产计划、生产调试、技术实施、质量控制和信息检测等流程培训区；

——每个培训角应能满足相应专业技能实践培训的需求；

——学习工厂是按培训职业典型的生产流程设计的,培养学徒的生产行为、职业行为、现场实践、生产管理和市场销售等复合能力,宜根据企业产品类型设置工厂管理运行体系。

6.4 培训辅助场所

6.4.1 培训物料存放点

培训物料存放点应满足以下要求：

——应满足培训所需物料的存放与准备等管理要求；

——物料应按照培训课程内容所需分类存放。

6.4.2 仓库

——应根据培训规模核算存放点面积；

——应根据物料特点配备货架、器件柜等不同的存放设施和物料周转、转运的设施；

——制定仓库管理手册；

——宜配备仓库管理软件。

6.4.3 其他辅助场所

——辅助场所包括但不限于展示接待场所、更衣区、休息区、废料区等场所；

——展示接待场所、更衣区宜设置于培训中心入口处；

——展示接待场所宜设立接待等候区域，可根据需要配备观摩讲解设备；

——更衣区应男女分设；

——休息区应配备茶水供应设备，宜提供桌椅、纸杯、咖啡等附属物品；

——废料区应设置于培训中心外，配备废料存放容器，实现废料分类存放。

6.5 服务设施建设

——以基础行动能力培训为目标的设备配备，以每位学员一套为主要配备原则；

——以专业行动能力培训为目标的设备配备，以不多于四人的小组一套为主要配备原则；

——以研发创新过程培训为目标的设备配备，以每个创新项目配备一套设备为原则；

——以岗位行动能力培训为目标的设备配备，以岗位真实性需求配备尽可能完整的工作流程的情境化设备为原则；

——以职业资格认证为目标的设备配备，应根据考试内容、行动过程和计划性工作需求，配备考试设备、工具、仪器以及多功能教室；

——以安全、环境、医护为管理目标的设备配备，以场室容纳人数、场室面积和专业类型等因素配备需要的设备；

——医护配备医疗箱；

——环境管理配备环境处理设备；

——安全管理配备安全管理看板。

7 数字化管理体系

7.1 总体要求

7.1.1 以促进环境资源管理高效运行、培训智能化和科学性为目标,积极推行培训载体数字化管理体系,实现智能计划制订和决策,促进个性化培训;实施培训质量数字化跟踪和评价;实现培训过程监督,提升管理效能等职业教育改革关键技术需求。

7.1.2 应以促进校企人才培养深度合作为目标,实现人才培养过程信息与合作院校或企业相关部门的数据共享。按照周、月、季、年度计划采集数字化信息提交给合作院校或企业。

7.1.3 应建设包括但不限于人员信息管理系统、学员信息管理系统、培训信息管理系统、设备信息管理系统、对外宣传与服务系统等信息管理平台,实现培训过程、培训质量、成绩与证书管理与服务的数字化。同时可参考 GB/T 20530—2006。

7.1.4 数字化建设工作应得到政策、制度、经费、人员、物资等方面的保障,包括建设与运营经费、硬件设备设施维护保养经费、数字化技术岗定岗定员、数字化技术外部保障系统等。

7.2 学员数字化系统

通过分析学员学习过程、学习成果和职业信息,能够为学员量身制订个性化培养计划、持续指导学习过程;同时,利用数字化系统定期与学员互动沟通学习需求,为其提供数字化学习资源。

学员信息包括但不限于以下内容:

——学员基本信息,包含姓名、出生年月、身份证号、培训职业、联系方式等;

——所属培训企业关联信息;

——学员培训项目工作信息;

——学员个性化学习需求；

——学员毕业后就业信息；

——其他相关信息。

7.3 培训资源信息系统

通过分析资源信息，准确使用资源应用计划，判断资源使用的科学性和合理性；同时，根据资源信息，预设资源的引进或采购计划。

培训资源信息包括但不限于以下内容：

——设备和设备使用过程的信息、设备利用率；

——材料计划和材料信息；

——培训计划和培训进程信息；

——设备资源的完善性和持续性计划等。

7.4 项目信息管理系统

提供项目的目标信息，与需求适应性分析，利于制订培训计划，有效调动、匹配培训资源。

项目信息包括但不限于以下内容：

——项目基本信息与项目能力目标；

——项目行动过程方案；

——培训计划与培训进程信息；

——培训项目讲义与工作页样板等。

7.5 培训师信息系统

分析培训师工作信息，有利于制订培训计划，预设培训能力提升计划；同时，促进培训师智能管理和发展。

培训师信息包括但不限于以下内容：

——基本信息；

——项目工作特长信息；

——工作过程信息记录；

——能力体系及提升计划。

7.6 可视化培训平台

可视化培训平台包括但不限于以下形式：

——培训场所培训管理看板；

——培训中心智能动态显示系统；

——培训学员培训信息可视化系统等。

可参考 GB/T 36531—2018。

7.7 数字化培训平台

数字化培训平台包括但不限于以下形式：

——培训中心内部培训管理 OA 系统；

——培训中心与合作院校或企业的沟通交流系统；

——培训中心数字化智能培训管理系统；

——学员数字化培训终端设备；

——相应数字化培训设备。

可参考 GB/T 36350—2018。

8 相对独立运行原则

8.1 总体要求

8.1.1 设置独立培训部门、专业专职岗位，执行经理负责制。

8.1.2 培训设备、设施、资源独立管理。

8.1.3 财务独立预算，运行成本独立核算。

8.1.4 具有以行动能力培训为目标的专门培训计划，开发体系化的项目工作内容，成为新双元制多站交替培养的单元。

8.1.5 独立开展社会服务，具备向合作企业开放培训资源和独立运行的能力。

8.2 运行价值

——利于专业化从事新双元制职业培训行动能力目标的人才培训需求实现;

——利于资源培训高效利用和教育价值充分发挥;

——利于向培训企业专业开展技术服务;

——利于产教融合工作,彰显职业教育区位化人才培养优势;

——利于职业学校形成与地方企业统一的人才培养价值观,促进校企合作,形成人才培养共同的行动平台。

8.3 建设成本核算

建设成本包括以下设备设施的建设成本:

——基础装修费用;

——培训设备投资;

——工具、仪器仪表、量具投资;

——培训师入职培训;

——计划和课程开发费用;

——安全管理设备投入;

——环境管理设备投入;

——仓库管理设备投入;

——办公设备投入。

8.4 运营成本核算

运营成本包括以下成本:

——基础装修折旧费;

——场室租赁费用;

——培训设备维修费用;

——培训设备保养费用;

——材料、标准件采购费用;

——工具、仪器仪表、量具更新费用；

——工资、奖金、福利；

——劳保工装采购费用；

——招聘广告费用；

——培训师进修费用；

——电话、网络费；

——餐饮费用；

——水、电费；

——职业资格考试费用；

——差旅费；

——办公费；

——学员活动费。

9 评价和持续改进原则

9.1 评价内容

对培训环境载体的评价内容包括但不限于以下要求：

——技术层次、技术维度和领域是否满足地方产业发展需要的技术人才培养要求；

——培训载体具有独立的组织管理体系；

——培训载体具有独立的培训计划，能够向学员提供个性化培训方案；

——培训载体具有独立核算和科学预决算能力；

——服从第三方质量认证体系管理。

9.2 评价方法

9.2.1 社会评价

在每个年度的年中，由培训中心组织投资方、合作方以及政府、行业协会、相应培训工种的标杆企业、学员家长代表、学员代表等组成社会方评价组,对培训中心服务质量进行评价。评价指标体系可参考附录C。

9.2.2 第三方评价

每年度,由投资机构和培训企业共同筹建临时工作组,选派培训专家,参考新双元制职业教育标准与培训载体相适合的职业培训计划,对培训过程、投入、效能、计划执行和成果进行权威评价。评价指标体系可参考附录D。

9.3 改进

9.3.1 实时改进

制订全员参与持续改进不断提升培训软实力的工作计划,在培训课程、资源调配、团队工作、现场管理等工作领域推行自我评价制度、自我寻找改进的工作内容,坚持发现问题、持续改进的工作基本原则。

9.3.2 评价改进

根据评价结果提出改进措施,由培训中心落实持续改进的具体措施,不断改进与完善评价指标体系。

附录 A　新双元制职业教育学徒培训日志

学期/学年：_____

学员：_____

项目日：_____/_____

日期	完成的学习任务、遇到的问题、解决问题的方案等	关键方式（资料、工具、设备、信息化等）	总时间（小时）
____年____月____日,周____			
____年____月____日,周____			
____年____月____日,周____			

续表

日期	完成的学习任务、遇到的问题、解决问题的方案等	关键方式（资料、工具、设备、信息化等）	总时间（小时）
___年___月___日,周___			
___年___月___日,周___			
		周课时：	

培训师签阅：_____

日期：_____年_____月_____日

附录 B 新双元制职业教育培训项目完成质量评价表

姓名：＿＿＿＿＿＿＿＿＿＿＿＿＿＿＿

培训地点：＿＿＿＿＿＿＿＿＿＿＿＿

项目名称：＿＿＿＿＿＿＿＿＿＿＿＿＿＿＿＿＿＿

项目时间：＿＿＿＿＿＿＿＿＿＿＿＿＿＿＿＿＿＿＿

项目(工作)过程		完成的情况总结(学员自己总结)	自我评价	培训师评价
计划				
操作执行	制定工艺流程			
	引用技术标准			
	设备准备和使用			
	现场管理			
质量控制				
成果检测				
精益改进				

培训师建议：

批阅签字：＿＿＿＿＿＿＿＿＿＿＿＿

日期：＿＿＿＿年＿＿＿＿月＿＿＿＿日

附录C 新双元制职业教育培训中心建设水平评价表

项目	指标内容	评级等级
1. 产教融合发展定位	1.1 行业引领、技术领先、区域企业参与建设和运营管理	A□B□C□D□E□
	1.2 培训管理引入了生产标准理念和质量控制体系	A□B□C□D□E□
	1.3 培训的学员大多数是由产教融合型企业订单选聘的学员	A□B□C□D□E□
	1.4 培训中心设备技术和日常管理达到企业生产技术水平,并有培训能力向企业在职技术人员开放	A□B□C□D□E□
2. 建设主体和独立性	2.1 借鉴德国跨企业联合培训模式,培训中心建立了企业、学校、政府联合建设和运营的主体	A□B□C□D□E□
	2.2 培训中心具备独立核算、相对独立管理的运营制度,配备独立执行工作任务的培训经理	A□B□C□D□E□
	2.3 培训中心依据企业人才需求,建立了市场化的管理运行机制,培训方案与企业需求融合衔接	A□B□C□D□E□
3. 课程建设与开发	3.1 培训(课程)目标建立以完整的工作任务为培训驱动,结合生产以培养学员行动能力为导向	A□B□C□D□E□
	3.2 课程以模块化和项目化模式组织内容,分为基础能力培养、技术能力培养和岗位生产能力培养,并将职业能力融入全过程	A□B□C□D□E□
	3.3 建立一批开放型模块化课程,可持续将生产新工艺、新(设备)技术、新管理、新理念和新方法融入培训过程	A□B□C□D□E□
	3.4 课程开发始终与培训环境建设、设备建设和培训组织相适应,做到"境、行、学、培、新"高度一体化	A□B□C□D□E□
	3.5 课程项目开发和设计在技术技能难度、深度上具备差异化,满足不同类型、不同层次学员的培训需求	A□B□C□D□E□

续表

项目	指标内容	评级等级
4.设备建设与管理规范	4.1 单个设备量与培训量匹配度高(独立工作能力培养标准、团队工作能力培养标准)	A□B□C□D□E□
	4.2 主要设备满足技术领域先进工艺等相关技术的匹配度	A□B□C□D□E□
	4.3 专业技术培训关键的设备,现场培训环境以生产流程性和规范性设计布局	A□B□C□D□E□
	4.4 对设备、工具、仪器等培训主要硬件,建立了维护保养基本规范,确保设备正常使用	A□B□C□D□E□
	4.5 每台培训设备配备培训和生产一体化的操作规范和培训标准化实施流程	A□B□C□D□E□
5.环境建设与现场管理规范	5.1 人员和物资通道分设	A□B□C□D□E□
	5.2 培训区域内配备安全规范警示、安全操作及其他安全隐患管理标识	A□B□C□D□E□
	5.3 培训区域内配备现场管理信息、质量控制等管理信息看板	A□B□C□D□E□
	5.4 培训区域内配备培训计划、目标、内容和过程管理的信息看板	A□B□C□D□E□
6.管理队伍和培训队伍	6.1 配备专职管理队伍,建立经理负责制,独立组织培训中心培训	A□B□C□D□E□
	6.2 按功能区域配备培训师,每15~20培训工位配备1名培训师	A□B□C□D□E□
	6.3 每位培训师均具备培训开发能力和生产相关工作经验	A□B□C□D□E□
	6.4 建立与学校教师关于人才合作培养研究、研发、协调工作的制度和工作原则	A□B□C□D□E□
7.职业资格认证能力	7.1 具备职业资格考试考核的基本设备、现场管理条件	A□B□C□D□E□
	7.2 培训中心坚持实施第三方(由企业生产岗位的技术人员主导)职业资格考试组织、实施和评价	A□B□C□D□E□
	7.3 培训中心能够结合具体的生产岗位,有能力开发以岗位能力为导向的考试内容和以完整的行动过程驱动的考试组织形式,开发完整的试卷体系	A□B□C□D□E□

续表

项目	指标内容	评级等级
8.过程质量监控体系	8.1 建立精益化实施培训的自我质量控制基本原则,持续追求培训课程优化,确保培训质量稳定提高	A□B□C□D□E□
	8.2 建立项目、课程和培训日志质量反馈和监控制度	A□B□C□D□E□
	8.3 建立学员自评、互评、评教、评环境等过程评价信息反馈制度	A□B□C□D□E□
	8.4 评价和一对一整改无时差信息开放、公示制度	A□B□C□D□E□

附录 D 新双元制职业教育培训中心培训质量评价表

项目	指标内容	评价方法描述	评价结果
1.培训计划执行	1.1 计划实施与计划预设一致性和处理方案		A□B□C□D□E□
	1.2 培训计划兼顾学员差异化		A□B□C□D□E□
	1.3 培训计划有效衔接成才规律和技术技能培训规律		A□B□C□D□E□
2.培训目标实践	2.1 以社会主义核心价值观引领培训目标设计,并落实于培训全过程		A□B□C□D□E□
	2.2 课程目标以行动能力为导向,在完整的工作过程中培养学员的行动能力		A□B□C□D□E□
	2.3 将个人能力、社会能力和专业能力融入行动过程,构建复合型能力模型,培养复合型技术人才		A□B□C□D□E□
3.教学资源开发和使用	3.1 每位学员配备专业技术学习需要技术手册,技术标准和设备、产品技术说明书等		A□B□C□D□E□
	3.2 培训项目配备行动任务工作页、技术工艺、技术图纸、技术路线说明等与生产一致的技术资料		A□B□C□D□E□
	3.3 与企业先进生产相一致,合作开发"五新"(新技术、新工艺、新要求、新管理、新理念)学习资源		A□B□C□D□E□
	3.4 与"五新"相一致,开发新设备,组成新培训载体		A□B□C□D□E□
	3.5 开发与数字化管理和数字化能力培养相一致的培训资源体系,包括课程资源和培养条件		A□B□C□D□E□
	3.6 与培训目标相匹配,开发新教学培训方法,形成灵活多变的培训模式改革		A□B□C□D□E□

续表

项目	指标内容	评价方法描述	评价结果
4.学员管理	4.1 学员遵守学员管理办法,能够以准员工身份参与培训过程,"身份效能"明显		A□B□C□D□E□
	4.2 学员与培训师建立合作学习模式,学员身份得到尊重,参与企业生产、工作的意愿较强		A□B□C□D□E□
	4.3 学员始终以高质量意识、工匠精神接受培训,能够积极面对、解决发现的问题,善于应用方法,保持与团队的协作和沟通		A□B□C□D□E□
	4.4 培训中心建有制度,能够妥善处理学员管理和培训过程中的应急事件		A□B□C□D□E□
5.设备、工具、仪器仪表应用	5.1 设备、工具、仪器仪表配置日常点检、维护保养管理制度,处于良好的使用状态		A□B□C□D□E□
	5.2 设备、工具、仪器仪表管理系统化,使用过程、管理质量可追溯		A□B□C□D□E□
	5.3 制定设备维修、维护保养、淘汰、更新的基本制度,保障培训正常、高效运行		A□B□C□D□E□
	5.4 设备、工具、仪器仪表配备操作规范,保证设备在符合生产的状态下使用		A□B□C□D□E□
6.培训师和培训创新	6.1 按培训功能区域配备培训师,主要培训功能区按工位15∶1配备培训师,保障管理和培训质量		A□B□C□D□E□
	6.2 能够根据不断变化的培训需求,开发课程、创新现场管理,吸收新内容融入培训过程		A□B□C□D□E□
	6.3 建立定期与学校教师合作研究开发教学培训课程的机制,保证培训课程的持续先进性		A□B□C□D□E□
	6.4 培训中心每年提供培训师技术、教学能力提升的培训		A□B□C□D□E□

续表

项目	指标内容	评价方法描述	评价结果
7. 过程质量监控实施	7.1 建立配置管理、培训过程、培训师能力、学员管理和资源应用等培训因素实时完善制度，促进精益化培训能力的提升		A□B□C□D□E□
	7.2 建立关于项目、课程、培训过程、结果全方位评价制度，学员自评、评教、评方法、评内容、评环境		A□B□C□D□E□
	7.3 配置数字化质量监控方式，对培训质量实施数字孪生系统控制		A□B□C□D□E□
8. 信息反馈和处理	8.1 培训中心建有将培训信息、管理信息、过程信息和质量信息可视化的系统		A□B□C□D□E□
	8.2 培训质量信息能够实时反馈，建立制度保障培训过程中出现的质量问题得到及时处理		A□B□C□D□E□
	8.3 培训中心具有社会公益价值，培训共享、开放和实施过程适时向社会公开，进一步显示技术培训的社会价值		A□B□C□D□E□
9. 数字化手段和数字化能力培养	9.1 建有学员数字化能力培养和应用的培训课程，学员利用数字化手段参与培训中心日常管理		A□B□C□D□E□
	9.2 建有数字化培训、管理和信息交互系统，培训中心可以实现线上管理		A□B□C□D□E□
	9.3 数字化管理、培训、合作成为培训要素，培训师、学员能够全员参与，设备、工具、其他设施管理有效覆盖		A□B□C□D□E□

附录E 新双元制职业教育培训中心精益化现场管理记录表

项目	指标内容	评价结果	问题反馈
安全管理	张贴各类（设备操作、危险品、防火等）安全警示标识，在培训过程中提醒学员	A□ B□ C□ D□ E□	
	能够对安全隐患问题进行定期排查	A□ B□ C□ D□ E□	
	张贴安全用电的警示标识	A□ B□ C□ D□ E□	
设备使用	培训工位占用率（长期为75%）	A□ B□ C□ D□ E□	
	培训主设备使用率（长期为75%）	A□ B□ C□ D□ E□	
	设备正常率	A□ B□ C□ D□ E□	
培训师	培训师将理论结合实践在操作过程中培训学员，互动学习较好	A□ B□ C□ D□ E□	
	培训师坚守在现场指导，在场率高	A□ B□ C□ D□ E□	
	善于给不同的学员提供差异化学习的方法指导	A□ B□ C□ D□ E□	
学员	积极使用学习资料，主动使用生产资料	A□ B□ C□ D□ E□	
	专注学习，坚持与培训师互动，主动接受学习意见	A□ B□ C□ D□ E□	
	能够按标准和规范操作设备学习，能在培训过程中提出新的方法	A□ B□ C□ D□ E□	
	遵守劳动纪律，坚持学习，独立完成工作任务	A□ B□ C□ D□ E□	

续表

项目	指标内容	评价结果	问题反馈
培训设施环境	培训场室基础环境适合学员培训学习（照明、卫生管理等物理环境）	A□B□C□D□E□	
	培训厂区内设有学员饮水、资料研习和休息活动等区域	A□B□C□D□E□	
仓库管理	配有物品分类存放的仓库或配备独立的物品存放的地方，并清楚标识存放的物品种类、数量等信息	A□B□C□D□E□	
	物品存放整洁、规范，存取规范	A□B□C□D□E□	
废水、废料	严格按照要求处理废料	A□B□C□D□E□	
	垃圾分类处理	A□B□C□D□E□	
	可回收废料分类存放、处理	A□B□C□D□E□	
"5S"管理	现场张贴"5S"规范要求，严格执行"5S"管理要求	A□B□C□D□E□	
	配备"5S"信息看板，全员参与"5S"建设和管理	A□B□C□D□E□	
现场培训检查	学员能够选择学习资料、资源，学习创造性较强	A□B□C□D□E□	
	现场工具、量具等摆放、存放规范	A□B□C□D□E□	
	学员在培训现场能够及时得到指导，积极总结学习成果	A□B□C□D□E□	

参考文献

[1]《国务院关于印发国家职业教育改革实施方案的通知》(国发〔2019〕4号).

[2]《教育部等六部门关于印发〈职业学校校企合作促进办法〉的通知》(教职成〔2018〕1号).

[3]《教育部办公厅关于开展职业教育校企深度合作项目建设工作的通知》(教职成厅函〔2018〕55号).

[4]申婷,祝士明.基于职业标准的模块化职教课程开发.中国职业技术教育[J],2015,32:72-75.

新双元制职业教育

机电一体化技术（机电一体化工）
专业人才能力培养和评价标准

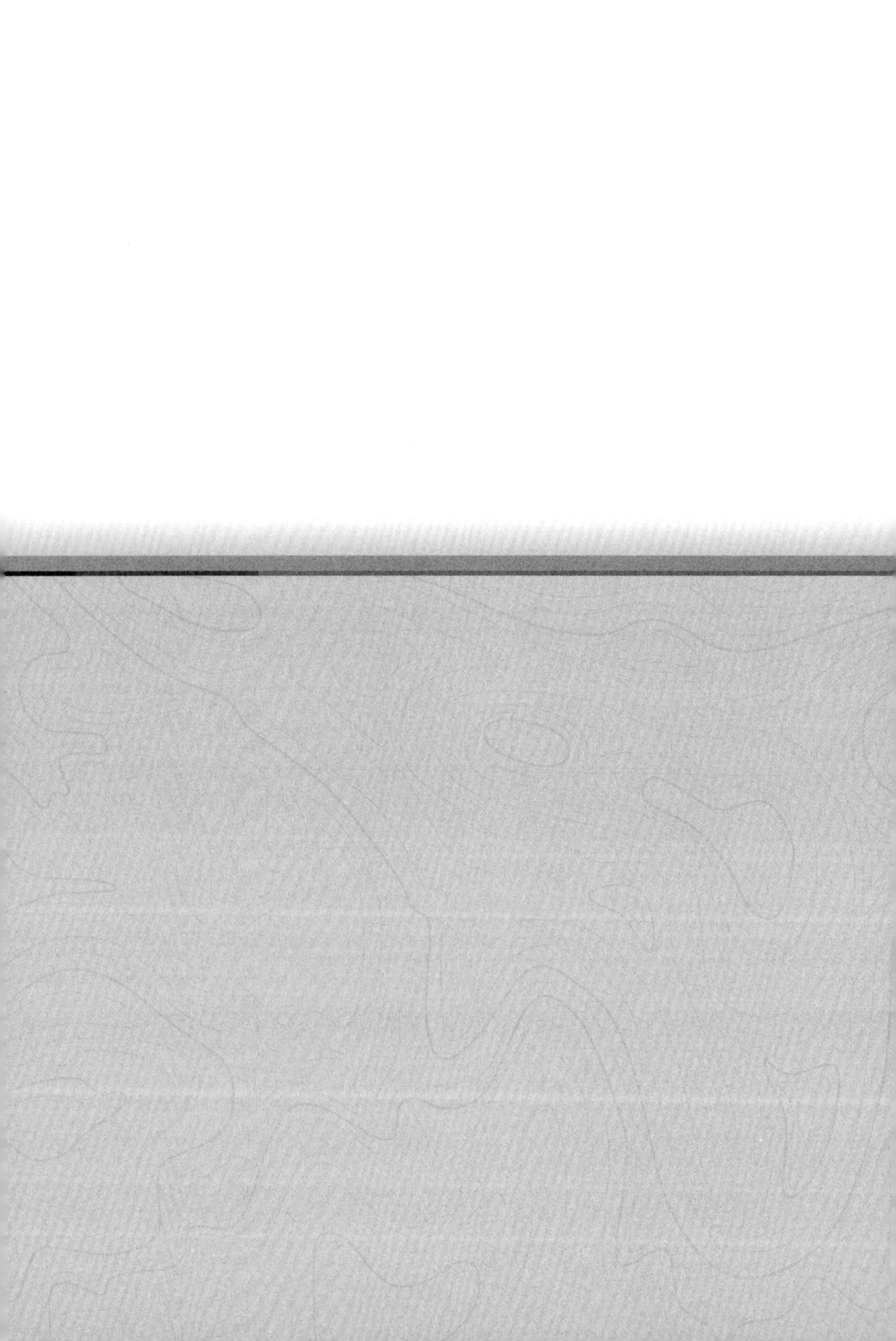

1 范围

本标准以满足地方机电设备制造产业对技术人才的需求为目标,借鉴了德国双元制培训职业机电一体化工培训条例和教学大纲,规定了职业学校和企业(培训中心)合作开展机电一体化技术能力人才培养的目标、内容、要求以及评价方法。本标准适用于机电设备制造业对机电一体化人才能力培养的指导和评价工作。

2 术语和定义

机电一体化培训职业:在职业教育领域,建立胜任机电设备制造产业有关职业岗位的人才培养体系和模式。

新双元制:借鉴校企双元制人才培养模式,依据地方产业发展的形式、基础和目标,制定符合地方产业、行业对技术人才需求的校企合作人才培养职业教育模式。由学校与企业共同参与的双主体职业教育:作为学校元的职业院校与作为企业元的培训型企业或职业培训机构共同承担人才培养任务,培养高质量专业技术人才的职业教育培训模式。

能力培养:以培养实际工作的行动能力为导向,培养的能力分为专业能力、社会能力、个人能力和方法能力,其中,专业能力由专业知识和专业技能构成。

3 人才能力培养建设目标

3.1 总体目标

本目标适用于培养机电设备制造领域需要的机电一体化技术人才,须同时实现专业能力目标、社会能力目标、个人能力目标以及方法能力目标。

3.2 专业能力

——编制工艺,手持工具加工机械零件;

——编制工艺,用机床加工机械零件;

——接收工作订单,制订工作计划;

——安装调试电气液控制系统;

——对设备进行 PLC 编程控制;

——选用工具安装、调试机电设备;

——选用工具快速拆卸、装配设备;

——选用仪器仪表检测设备故障、性能和稳定性;

——制定设备操作安全守则;

——对操作设备日常维护保养;

——向客户移交机电一体化技术系统。

3.3 社会能力

——善于表达,乐于和他人交流沟通;

——愿意在团队合作中解决实际问题;

——在职业活动中,善于和他人进行技术交流;

——具备社会责任感,愿意协助他人工作;

——尊重社会文明,与人为善,与他人和睦相处。

3.4 个人能力

——熟悉机电行业法律、法规、技术标准和产业政策;

——能够根据工作任务,制订工作计划,研究解决实际问题;

——注重安全操作,维护工作环境;

——积极融入社会生活,保护生态环境、尊重他人、诚信守则。

3.5 方法能力

——善于借助技术资料,查阅技术信息;

——具有使用工具、资料,独立完成工作任务的决心和信心。

4 就业岗位

4.1 工作内容

从事机电设备设计、制造、安装、检测、销售、装配、维护保养等工作内容。

4.2 工作效用

——能够在设备制造领域稳定工作;

——入职阶段,能够配合主管领导独立完成与工作任务相关的若干项工作内容;

——职业发展阶段,能够在生产一线岗位领导下属开展与工作任务相关的业务。

5 人才能力培养实施要求

5.1 基本原则

——工作符合国家行政管理部门要求;

——依据德国机电一体化工本土化实践要求;

——依据德国学徒职业资格考试规则实施考试考评;

——培训质量由相关行会、企业和学校共同监督。

5.2 专业定位

5.2.1 专业名称
机电一体化技术。

5.2.2 培养内容
培养在设备制造领域从事一线生产相关联的行动能力;培养融入社

会生活的社会能力;培养职业生涯中支持人才持续发展的个人能力;培养解决生产实践问题的方法能力。

5.3 课程体系建设

以培养行动能力为导向,设置任务型课程体系。依据人才持续发展规律设置宽基础的能力课程;依据企业岗位性和职业性特点,设置岗位直接性能力课程,分三类课程模式。

5.3.1 学习领域课程

依据机械零部件制造、控制系统安装调试、机电系统设计与实现和设备技术移交等机电一体化设备生产链关键技术知识设置课程;依据完整的行动过程开发集专业知识、技能和关键能力于一体的教学情境,用任务驱动、能力导向实施课程教学。

表 1　学习领域课程

No.	学习领域	学习任务	计划和课时		
			1年	2年	3年
1	机电一体化系统技术分析	(1)阅读机电一体化产品的说明书,熟悉机电设备的机械结构和控制系统;(2)了解一家机电设备制造企业,了解企业产品的质量控制、生产流程和生产现场环境;(3)了解德资企业设备制造企业的人才需求;(4)了解机电一体化设备生产所用的工具、量具;(5)查询电气设备产业领域企业的信息,熟悉企业生产产品的质量和市场现状	30		
2	机械子系统规划和制造	(1)设计和绘制:识读零件图、组件图、螺纹、尺寸、绘图工具;(2)材料:金属材料和非金属材料;(3)测量:检测标准,测量工具(卷尺、游标卡尺、角尺、直尺)选用;(4)工艺:锯、锉、折弯、钻孔、螺纹、冲等;(5)计算:工时、工资、材料费、工具损耗;(6)过程记录、技术评估;(7)车、铣、钻等机床加工工艺、操作和维护;(8)机械结构的分析、设计;(9)机床操作安全、机床维护;(10)标准件和非标件的产业化	80		
3	电子电工线路规划、安装与调试	(1)电子元器件的识别和选用;(2)电源电路的分析;(3)电子手工焊接工艺;(4)信号源、测试仪器的选用;(5)三相电及供电设备;(6)三极管电路、稳压电路、集成电路的认识;(7)交、直流转换;(8)电量测量与计算;(9)安全用电管理	60		

续表

No.	学习领域	学习任务	计划和课时		
			1年	2年	3年
4	电气液控制系统设计规划、安装与调试	(1)元器件、设备的认识和选用;(2)能源流的检测和参数计算;(3)电气液控制系统安装调试工艺;(4)子系统设计、安装与调试;(5)识读图纸,实现子系统的功能;(6)根据要求,实现子系统的电气功能;(7)使用仪器、设备检测子系统的功能;(8)通过检索获取技术信息等;(9)使用软件绘制图纸	80		
5	工业工厂生产工程规划与管理	(1)企业管理软件使用;(2)借助办公软件处理信息;(3)通过数据处理对操作过程进行控制;(4)从人体工程学角度来考虑工位材料、流程安排;(5)结果的评估和存档;(6)人体工程学和事故预防;(7)简单的时间和成本计算;(8)工作流程的说明方法;(9)产品质量管理;(10)精益生产	40		
6	机电一体化系统的驱动、编程控制和调试	(1)传感器的选用;(2)控制器的选用;(3)控制器编程;(4)将控制系统与控制目标电气连接;(5)伺服电动机控制系统;(6)数控控制系统;(7)工业机械手控制系统;(8)自动化生产线各类设备;(9)常用控制系统中的零部件;(10)西门子PLC、变频器、触摸屏的选用;(11)安装调试气动、液压系统;(12)根据应用现场的情况,分析控制系统		100	

续表

No.	学习领域	学习任务	计划和课时		
			1年	2年	3年
7	机电一体化系统的设计和开发	(1)根据控制要求,绘制控制电路图;(2)选择元器件、设备,列元器件清单,进行成本核算;(3)制定安装、制作工艺;(4)根据机械图纸,进行选材、工艺制定并加工装配;(5)控制系统的调试;(6)调试机电一体化系统;(7)制定机电一体化技术标准;(8)向他人移交系统;(9)制造自动化传送系统和生产工艺装置系统;(10)进行技术总结		120	
8	数据采集、识别和传输技术	(1)RFID;(2)声音、图像等数据采集;(3)基本数据,如速度、力、液位等采集;(4)处理器;(5)无线网络传输信息;(6)数据库;(7)计算		40	
9	复杂的机电一体化系统安装、调试	(1)机器人的选用和品牌;(2)机器人控制系统开发;(3)夹具、机械手;(4)装配系统;(5)调整系统;(6)保养系统;(7)生产现场的规整;(8)电气连接;(9)向他人展示操作过程;(10)制作操作过程			80
10	生产设备安装调试与维护保养	(1)根据故障现象诊断原因;(2)测试电能流,判断电气故障;(3)使用工具更换故障器件;(4)选择新器件;(5)普通机床、自动化生产设备、数控设备以及其他用于生产现场的设备维修;(6)各类机床操作的规程,能够调试;(7)维修一台故障机床;(8)识读机床控制系统;(9)与使用者进行技术对话,了解故障现象;(10)设备生产点检和预防性维护			60

续表

No.	学习领域	学习任务	计划和课时		
			1年	2年	3年
11	MES工业生产执行管理系统	(1)生产感知;(2)数据;(3)云平台;(4)制造数据管理、计划与排程管理、生产调度管理、库存管理、质量管理、人力资源管理;(5)工作中心/设备管理、工具工装管理、采购管理、成本管理;(6)项目看板管理、生产过程控制;(7)底层数据集成分析、上层数据集成分析			40
12	向客户移交机电一体化系统	(1)设备包装和运输;(2)企业内部通信系统的使用;(3)团队工作;(4)通信;(5)解说、演示;(6)客户/供应商关系;(7)操作说明书、使用说明书			30
			290	260	210

5.3.2 模块化技能课程

依据机电一体化设备制造需要实践要求,开发集应用知识、实践技能和岗位标准于一体的生产情境,设置模块化技能课程,以解决实际问题的行为能力为导向实施课程培训。

表2 模块化技能课程

No.	培训模块	学习任务	计划和课时		
			1年	2年	3年
1	企业管理和企业文化	(1)环境;(2)安全;(3)劳动法;(4)合同法;(5)现代企业管理;(6)质量控制过程;(7)TPM管理;(8)"5S"管理;(9)劳动安全;(10)绿色生产;(11)数据信息沟通;(12)先进制造;(13)企业技术标准;(14)英文文献	2 1	1 1	2

续表

No.	培训模块	学习任务	计划和课时		
			1年	2年	3年
2	机械单件加工	(1)划线、测量、手动加工零件;(2)车床加工轴类零件、螺纹;(3)铣床加工平面、槽;(4)磨床加工;(5)数控编程加工;(6)维护保养机器设备、塑料件装配以及管材加工等	6		
3	机械系统加工	(1)机床加工系统、机械装配、公差测量、分组分工合作加工;(2)加工机电系统需要的基础机械系统加工		4	
4	机械材料的连接成型	(1)机械材料焊接加工;(2)粘接;(3)锯切加工;(4)材料;(5)各种材料的连接加工;(6)用螺丝连接	2		
5	控制系统设计、安装、功能调试	(1)电源设备的安装;(2)电机控制系统的安装;(3)伺服系统的安装;(4)用仪器检测系统;(5)电气连接系统;(6)布线;(7)绘制电气图纸;(8)焊接电子部件;(9)机床控制系统的安装;(10)数控设备控制系统的安装;(11)智能生产系统的安装;(12)控制柜的设计与选取;(13)气动液压控制零部件安装;(14)电、气、液控制系统的调试等	4	2	
6	简单机电系统的安装、功能调试	(1)根据功能安装电气系统;(2)调试电气系统;(3)组装机械系统;(4)连接调试系统;(5)安装机械手;(6)安装机械工艺装置等		4	4
7	复杂机电系统的安装、功能调试	(1)安装工业机器人自动化系统;(2)调试先进制造系统;(3)制造模拟机电系统;(4)制造、安装和调试安装平台;(5)导线的安装、电气的稳定性性能测量		2	3

续表

No.	培训模块	学习任务	计划和课时		
			1年	2年	3年
8	对生产设备进行维护、保养	(1)常规保养生产设备;(2)更换元件;(3)预防性维护;(4)拆换元件;(5)装配调试元件,根据故障现象判断故障原因;(6)拆装系统;(7)测量电气系统;(8)调试系统		3	
9	设备的运输、安装和调试	(1)运输安全保障检查;(2)设备可靠性,用电安全、绝缘;(3)设备关停措施、警报措施;(4)按技术指标测试数据;(5)电源可靠性;(6)设备环境、温度,安装可靠性等		6	
10	企业实习 5.3.3	(1)分为识岗实习、适岗实习和定岗实习;(2)向客户展示机电设备,介绍性能、操作并演示设备;(3)介绍保养维护规程,重点介绍如何操作	6	6	18
11	中期考试	在机电子系统上工作		5	
12	期末考试	在机电设备系统上工作			5
			14+6	23+6 13	25

5.3.3 企业岗位课程

依据装备制造业岗位生产标准、企业生产组织与流程、企业员工职业化要求制定岗位课程,分为轮岗基础培训、适岗文化培训和定岗职业化培训。

5.4 教学资源与设施

依据教学过程配置教学软硬件资源,一体化教学中心具备信息咨询、计划、研讨、文件处理和实践体验等设施功能;培训中心具备"一人一工位"条件,保障学徒能够操作设备完成技能工作任务,并依据企业生产标准进行设备布局;企业岗位设置学习角,提供学徒分析、研讨、总结和实践等学习区域。

5.5 教学组织与管理

由行会、企业、学校和专家组建教学管理委员会,实施第三方主导的教学组织和管理,每学期制订企业、培训中心和学校统一的教学执行计划,培训中心实施经理负责制与学校教学制度交替进行,实践小班化、分小组培训,确保能力培养工作的质量。

5.6 师资队伍建设

5.6.1 三支队伍

队伍包括:学校教学专任教师队伍、培训中心技能培训师队伍、企业岗位培训师队伍。

5.6.2 双素质团队

任何教师须具备双素质,即既具备专业技术知识又具备生产实践经验,能够主动开发教学资源,能够把生产标准引入教学、培训过程中,形成行动行为标准,能够把生产内容融入教学内容里,形成课程方案,能够用丰富的教学手段实施培训,事半功倍。

5.7 培养模式

由政府政策主导、行业指导,校企合作、工学结合,形成学校(教室)、培训中心和企业生产岗位"多站互动、分段交替"实施的培养模式,贯彻实践现代学徒制思想,将培养持续发展的学习能力和职业化行动能力相结合,培养装备制造产业领域技术技能型人才。

5.8 教学方法

采用完整行动方案组织教学的四步法或六步法,在培训过程中灵活采用多种教学方法,设计生产情境、工作情境实施教学,让学员体验式学习、角色化扮演,感受学员和学徒的双身份;开发工作页,促进学员有效学习,实施一体化教学,每门学习领域课程配备一体化教室,每门模块化课程做到一人一工位，岗位培训设置学习角。

6 人才能力培养质量评价方法

6.1 评价主体

机电设备制造行业，与学校合作的地方培训企业和其他学校，共同组建专业建设质量评价委员会，成为评价主体。

6.2 评价体系

按新双元制七个质量领域制定评价体系，分别为校企合作、教学组织、教学管理、硬件设施、师资队伍、教学内容、职业能力；以满足人才培养质量和高标准实践为基础，设计七个质量领域标准体系。

6.3 评价方案

采用自评和他评相结合的原则，由专业建设的学校和企业自评，由专业建设质量评价委员会实施第三方评价，出具评价内容、结果以及整改方案，整改方案和整改结果报告一并提交教育行政部门。

6.4 评价管理

每年度执行一次专业建设评价工作，评价结果分别由机电设备制造行业、地方教育管理部门审核，符合新双元制实践条件和要求的建设方案，继续实施机电一体化工职业资格考试考核，学员可考取新双元制职业资格证书、相关国际认证证书以及国内机电一体化专业相关职业资格证书；不符合条件者，则勒令整改。

机电一体化技术（机电一体化工）教学计划见插页附1。

新双元制职业教育

汽车运用与维修技术（汽车机电一体化工）
专业人才能力培养和评价标准

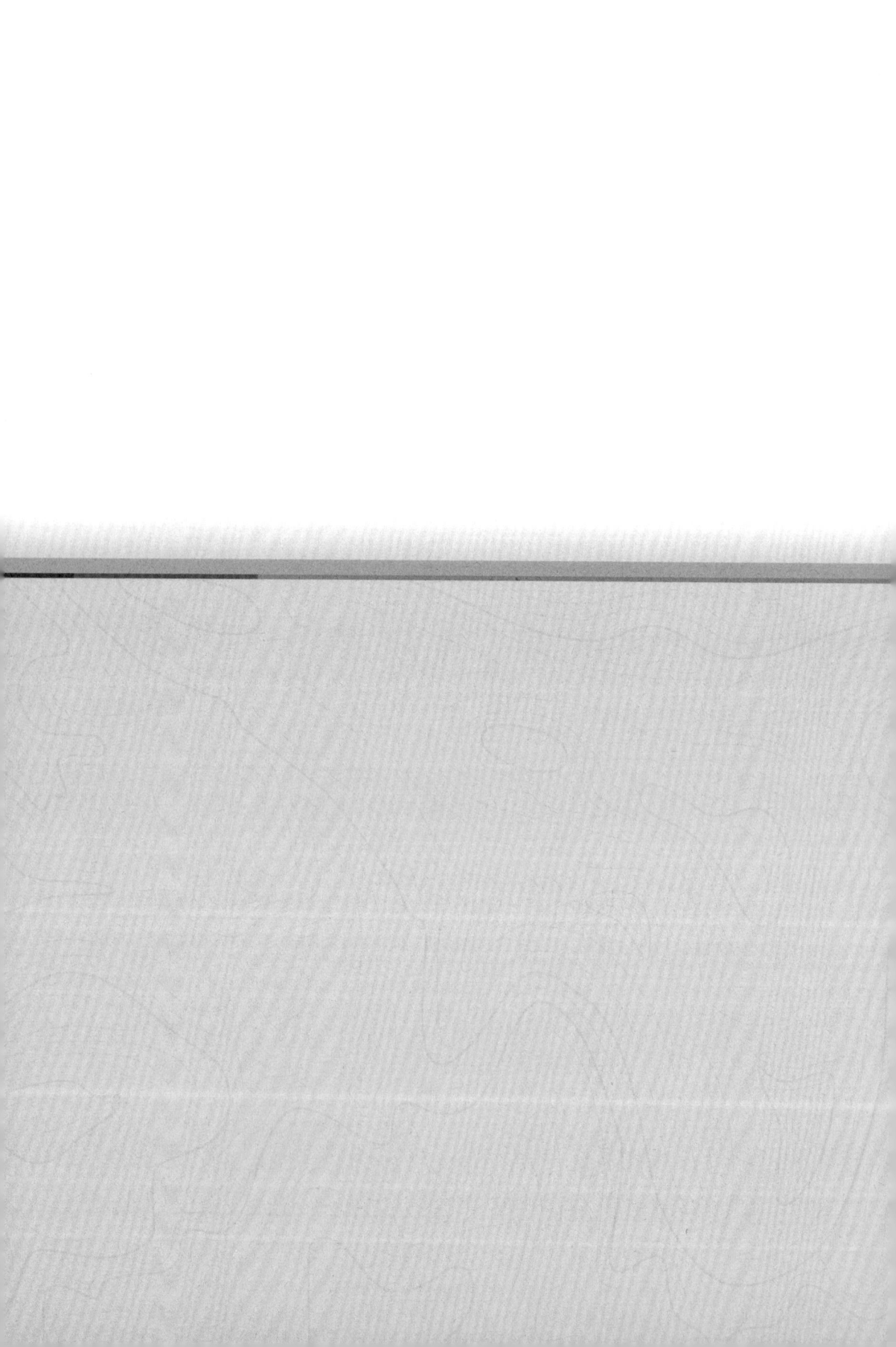

1 范围

本标准按照新双元制职业教育汽车机电一体化培训条例和教学大纲,规定了职业学校和企业、培训中心合作开展汽车机电一体化技术能力培养人才目标、实施要求以及评价方法。本标准适用于汽车机电一体化人才能力培养的指导和评价工作。

2 术语和定义

新双元制:借鉴校企双元制人才培养模式,依据地方产业发展的形式、基础和目标,制定符合地方产业、行业对技术人才需求的校企合作人才培养职业教育模式。由学校与企业共同参与的双主体职业教育:作为学校元的职业院校与作为企业元的培训型企业或职业培训机构共同承担人才培养任务,培养高质量专业技术人才的职业教育培训模式。

能力培养:以解决实际工作的行动能力为导向,培养的能力分为专业能力、社会能力、个人能力和方法能力;其中,专业能力由专业知识和专业技能构成。

3 人才能力培养建设目标

3.1 总体目标

本目标适用于培养汽车运用与维修领域需要的汽车机电一体化技术人才,须同时符合专业能力目标、社会能力目标、个人能力目标以及方法能力目标。

3.2 专业能力

——使用机械设备、工具进行汽车维护与维修作业;

——识读机械图纸并按图纸要求组装汽车的机械系统;

——熟练使用常用工具、量具检测汽车机械系统,并调试汽车机械系统;

——安装调试电气液控制系统;

——完成车辆与系统的操作;

——控制车辆技术系统停机和开机(调试);

——对系统进行测量和检查;

——按照维修资料要求完成维修与保养工作;

——使用维修设备和技术资料对车辆和系统进行故障诊断;

——使用工具和技术资料完成部件、总成和系统的拆卸、维修、装配;

——按法规对车辆进行检测;

——按照法规要求完成车辆装备、改装和加装及系统匹配与调试。

3.3 社会能力

——善于表达,乐于和他人交流沟通;

——愿意在团队合作中解决工作实际问题;

——在职业活动中,善于和他人进行技术交流;

——具备社会责任心,愿意协助他人工作;

——尊重社会文明,与人为善,和他人和睦相处。

3.4 个人能力

——熟悉汽车行业法律、法规、技术标准和产业政策;

——能够根据工作任务,制订工作计划,研究解决实际问题;

——注重安全操作,维护工作环境;

——积极融入社会生活,保护生态环境、尊重他人、诚信守则。

3.5 方法能力

——善于借助技术资料,查阅技术信息;

——具有使用工具、资料,独立完成工作任务的决心和信心。

4 就业岗位

4.1 工作内容

从事汽车机电系统的维护、保养、拆卸、检测、装配、调试、故障排除等工作内容。

4.2 工作效用

——能够在设备制造领域稳定工作；

——入职阶段，能够配合主管领导独立完成与工作任务相关的若干项工作内容；

——职业发展阶段，能够在生产一线岗位领导下属开展与工作任务相关的业务。

5 人才能力培养实施要求

5.1 基本原则

——工作符合国家行政管理部门要求；

——依据汽车机电一体化工新双元制实践要求；

——依据新双元制学徒职业资格考试规则实施考试考评，结合国内和国际认证资格考核；

——培训质量由相关行会、企业和学校共同监督。

5.2 专业定位

5.2.1 专业名称

汽车机电一体化技术。

5.2.2 培养内容

培养在汽车运用与维修领域从事一线生产相关联的行动能力；培养

融入社会生活的社会能力;培养职业生涯中支持人才持续发展的个人能力;培养解决生产实践问题的方法能力。

5.3 课程体系建设

以培养行动能力为导向,设置任务型课程体系。依据人才持续发展规律设置宽基础的能力课程;依据企业岗位性和职业性特点,设置岗位直接性能力课程,分两类课程模式。

5.3.1 学习领域课程

依据汽车机电系统零部件检修、系统安装调试、维护保养与故障诊断和技术移交等汽车机电一体化运用与维修关键技术知识设置课程;依据完整的行动过程开发集专业知识、技能和关键能力于一体的教学情境,用任务驱动、能力导向实施课程教学。

表1 学习领域课程

No.	学习领域	学习任务	计划和课时		
			1年	2年	3年
1	企业的生产规划和组织	(1)职业教育及职业资格;(2)劳动保护、环保;(3)劳动法律法规;(4)个人独立工作和团队工作;(5)企业生产组织与现场管理;(6)生产材料;(7)精益化生产;(8)汽车维修生产流程和质量控制;(9)职业生涯和规划	50		
2	汽车文化、汽车机电元件	(1)学习汽车文化;(2)学习和讨论发动机的类型(内燃机、电动机和混合动力);(3)在车辆上进行知识迁移;(4)技术文件的使用和解决方案的描述;(5)学习相关方法,解决实际问题	80		

续表

No.	学习领域	学习任务	计划和课时		
			1年	2年	3年
3	汽车维护与保养	(1)熟悉汽车使用保养手册,制订工作计划;(2)按照企业维护作业标准对维护车辆系统进行检查与维护;(3)正确完成废件、废油、废气处理和车辆清洁等工作;(4)工作中自觉保持安全、环保作业	80		
4	手动加工机械零件	(1)设计和绘制:识读零件图、组件图、螺纹、尺寸、绘图工具;(2)查询技术信息;(3)测量:检测标准,测量工具(卷尺、游标卡尺、角尺、直尺)选用;(4)成本核算;(5)制订工作计划;(6)工艺:锯、锉、折弯、钻孔、螺纹、冲等;(7)型材加工和系统搭建;(8)计算:工时、工资、材料费、工具损耗;(9)过程记录、技术评估	140		
5	汽车电气设备检修	(1)制订检修工作计划,按照企业维修作业标准完成待修汽车电气设备的检查与维护、诊断与维修工作;(2)在检查、诊断过程中发现维修清单上未记录而应该维修的项目;(3)以常用检测设备和专用检测设备按照技术规范对汽车电气设备进行故障诊断和修复;(4)记录已完成的工作,自觉保持安全作业	60		
6	汽车机械系统检修	(1)制订检修工作计划;(2)完成待修汽车发动机、底盘的维护、小修或大修工作;(3)汽车发动机的维护及小修项目为就车修理;(4)汽车发动机大修项目为总成修复;(5)使用通用工具、发动机维修专用工具、设备和汽车维修资料等,按照技术规范对发动机进行维护或对发动机故障进行诊断和修复;(6)记录已完成的工作,自觉保持安全和环保作业,遵守"5S"的工作要求	200		

续表

No.	学习领域	学习任务	计划和课时		
			1年	2年	3年
7	机电系统检测、拆卸、更换与装配；电气系统安装	(1)学习控制技术基础知识；(2)识读原理图,制定加工过程,故障检修,记录改造结果；(3)制定合理的工艺步骤,选用合适的辅助材料；(4)符合供应商的技术标准,遵守国家的安全规定,正确处理汽车高压部件,能安全用电；(5)熟知车辆中的高压部位；(6)功能检查和结果归档；(7)评估和分析电气危险；(8)电动、气动和液压系统的危险意识；(9)在检修过程中能熟知电流产生的各种效应；(10)应用电气知识选择电气材料	120		
8	发动机电控系统检修	(1)制订检修计划,完成待修车辆检查与维护、故障诊断与维修；(2)以小组合作或独立工作方式,使用常用及专用检测设备和汽车维修资料等；(3)按照技术规范对发动机各传感器、执行器、ECU及相应的电路进行静态或动态检测,通过更换或修复,排除发动机电子控制系统的故障；(4)记录已完成的工作,自觉保持安全作业,注意环保,遵守"5S"工作要求		120	
9	汽车空调检修	(1)制订工作计划,按照企业维修作业标准对待修车辆的空调系统进行检查与维护、故障诊断与维修；(2)正确完成废件、废油、废气处理和车辆清洁等工作,并记录已完成的工作；(3)对汽车空调系统进行维护和故障检修；(4)工作中自觉保持安全、环保作业,遵守"5S"工作要求		60	

续表

No.	学习领域	学习任务	计划和课时		
			1年	2年	3年
10	底盘电控系统检修	(1)制订检修计划;(2)完成待修车辆电控底盘系统的检修,并能在检查、维修过程中发现维修工单上未记录而应该进行的维修项目;(3)使用通用工量具、专用设备和汽车维修资料等;(4)按照技术规范对电控底盘系统进行维护、诊断和维修;(5)记录已完成的工作,自觉保持安全作业,遵守"5S"工作要求		120	
11	行驶与制动系统故障维修	(1)解决顾客的要求;(2)检查和维修车辆的行驶系统和制动系统;(3)车身和制动系统技术检测;(4)文件归档;(5)制动、行驶系统、悬挂和底盘的测试和评估;(6)转向系统的检查和诊断	70	80	
12	汽车电气设备检修	(1)制订检修工作计划;(2)按照企业维修作业标准完成待修车辆电气设备的检查与维护、诊断与维修工作;(3)常用检测设备和专用检测设备使用;(4)对汽车电气设备进行故障诊断和修复;(5)记录已完成的工作,自觉保持安全作业,遵守"5S"工作要求		80	
13	车载网络维修	(1)电路图、功能图与联网图;(2)检查说明与检查条件;(3)诊断电脑;(4)联网系统中的控制单元;(5)常规数据传输和总线技术数据传输;(6)网络和总线的物理布局(网络拓扑);(7)系统接口;(8)自诊断;(9)控制元件诊断;(10)更新(升级);(11)电子设备的处理;(12)办理保修;(13)工作中自觉保持安全、环保作业,遵守"5S"工作要求		80	

续表

No.	学习领域	学习任务	计划和课时		
			1年	2年	3年
14	职业资格鉴定1:机电控制过程识别,故障维修	(1)与顾客交流确定维修方案;(2)确认车辆故障;(3)确定故障的维修过程;(4)通过必要的技术手段检查维修结果;(质量控制)(5)评估和记录结果;(6)在过程规划和结果归档以及必需的控制和组织步骤中合理使用数据处理系统;(7)在工作计划准备过程中关注健康和劳动保护		120	
15	适岗实习	(1)机械系统、控制系统等技术岗位生产职责、岗位任务、技术标准以及生产资料的准备;(2)质量控制的规划和流程;(3)企业生产的现场体验、总结		200	
16	汽车性能检测	(1)车辆特定数据,法规,检查表,检测方法,检查分析报告,行驶与运行安全,责任赔偿法,维修服务,通过企业组织和员工培训提升质量管理、客户期望、客户满意度;(2)为客户提供咨询服务;(3)工作中自觉保持安全、环保作业,遵守"5S"工作要求			80
17	汽车改装与加装	法规,安装说明,工具,工作油料与辅料,附加系统/设备,调试方法,企业成本核算和针对客户的成本核算			80

续表

No.	学习领域	学习任务	计划和课时		
			1年	2年	3年
18	舒适与安全系统维修	(1)学员描述符合企业安全要求的预防性维修的技术性问题;(2)描述车辆中的安全与舒适系统;(3)运用保养需求和保养计划知识;(维修手册)(4)考虑以下因素对车辆安全性的影响:污染、疲劳程度(材料)、材料损耗、磨损			150
19	线束、电控系统故障诊断与排除	(1)学员能够处理顾客要求;(2)根据顾客要求和电路图,使用检测设备查找故障;(3)建立电气组件之间的联系(电气组件接线和功能描述);(4)使用正确的检测与测量方法;(5)了解系统中信号流程,分析信号,查找故障原因;(6)描述、解释线束系统			150
20	定岗实习	(1)在就业既定的岗位上实习、实践及工作;(2)对生产资料、环境、团队以及组织管理的认同、应用和真实体验;(3)能力提升的方法和职业规划调整;(4)劳动法规和企业管理			200

续表

No.	学习领域	学习任务	计划和课时		
			1年	2年	3年
21	职业资格鉴定2:汽车机电系统的诊断与维修	(1)车辆技术系统、内部空调系统、电气设备、气动系统、液压系统、安全气囊控制系统在制造商规定之下进行维修;(2)功能检查和结果记录;(3)确定诊断和维修方案;(4)使用诊断系统分析传动系统、行驶系统、舒适系统和安全系统故障原因;(5)发动机管理系统、排气系统和发动机附件等组件的检测与诊断			120
			730	730	980

5.3.2 企业岗位课程

依据汽车机电维修企业岗位生产标准、企业生产组织与流程、企业员工职业化要求制定岗位课程,分为轮岗基础培训、适岗文化培训和定岗职业化培训。

5.4 教学资源与设施

依据教学过程配置教学软硬件资源,一体化教学中心具备信息咨询、计划、研讨、文件处理和实践体验等设施功能;培训中心具备"一人一工位"条件,保障学徒能够操作设备完成技能工作任务,并依据企业生产标准进行设备布局;企业岗位设置学习角,提供学员分析、研讨、总结和实践等学习区域。

5.5 教学组织与管理

由行会、企业、学校和专家组建教学管理委员会,实施第三方主导的教学组织和管理,每学期制订企业、培训中心和学校统一的教学执行计划,培训中心实施经理负责制与学校教学制度交替进行,实践小班化、分小组培训,确保能力培养工作的质量。

5.6 师资队伍建设

5.6.1 三支队伍

队伍包括:学校教学专任教师队伍、培训中心技能培训师队伍、企业岗位培训师队伍。

5.6.2 双素质团队

任何教师须具备双素质,即既具备专业技术知识又具备生产实践经验,能够主动开发教学资源,能够把生产标准引入教学、培训过程中,形成行动行为标准,能够把生产内容融入教学内容里,形成课程方案,能够用丰富的教学手段实施培训,事半功倍。

5.7 培养模式

由政府政策主导、行业指导,校企合作、工学结合,形成学校(教室)、培训中心和企业生产岗位"三站互动、分段交替"实施的培养模式,贯彻实践现代学徒制思想,将培养持续发展的学习能力和职业化行动能力相结合,培养装备制造产业领域技术技能型人才。

5.8 教学方法

采用完整行动方案组织教学的四步法或六步法,在培训过程中灵活采用多种教学方法,设计生产情境、工作情境实施教学,让学员体验式学习、角色化扮演,感受学员和学徒的双身份;开发工作页,促进学员有效学习,实施一体化教学,每门学习领域课程配备一体化教室,每门模块化课程做到一人一工位,岗位培训设置学习角。

6 人才能力培养质量评价方法

6.1 评价主体

汽车运用与维修行业,与学校合作的地方培训企业和其他学校,共同组建专业建设质量评价委员会,成为评价主体。

6.2 评价体系

按新双元制七个质量领域制定评价体系,分别为校企合作、教学组织、教学管理、硬件设施、师资队伍、教学内容、职业能力;以满足人才培养质量和高标准实践为基础,设计七个质量领域标准体系。

6.3 评价方案

采用自评和他评相结合的原则,由专业建设的学校和企业自评,由专业建设质量评价委员会实施第三方评价,出具评价内容、结果以及整改方案,整改方案和整改结果报告一并提交教育行政部门。

6.4 评价管理

每年度执行一次专业建设评价工作,评价结果分别由汽车维修行业、地方教育管理部门审核,符合新双元制实践条件和要求的建设方案,继续实施汽车机电一体化工职业资格考试考核,学员可考取新双元制职业资格证书、相关国际认证证书以及国内汽车机电一体化专业相关职业资格证书;不符合条件者,则勒令整改。

汽车机电一体化工教学计划见插页附2。